E. Verónica Romo López

# Lenguajes del Arte en la Infancia

E. Verónica Romo López

# Lenguajes del Arte en la Infancia

## desde la Belleza Vital a la Bondad Esencial

Editorial Académica Española

Publisher:
Editorial Académica Española
is a trademark of
International Book Market Service Ltd., member of OmniScriptum Publishing Group
17 Meldrum Street, Beau Bassin 71504, Mauritius

Printed at: see last page
ISBN: 978-620-2-24485-5

# Lenguajes del Arte en la Infancia:

*Un camino posible desde la belleza vital a la bondad esencial.*

Eliana Verónica Romo López

2017

# Índice:

# Introducción

Los seres humanos, especie animal que se caracteriza por su nivel de conciencia de lo que hace, tiene la necesidad, para lograr su felicidad y plenitud, de asignar a sus acciones un sentido. Ese sentido se relaciona con una suerte de ideología que se sostiene sobre valores diversos.

Y es tal vez esta la razón principal que ha llevado a estos animales que toman conciencia de sus actos, a crear lenguajes que les permitan comunicar, compartir estos sentidos. Es así que han surgido diversos lenguajes comunicativos: verbal, científico-matemático, literario, sonoro-musical, visual-plástico, kinésico-corporal, y todas las posibles combinaciones de ellos.

En la comunicación del sentido de las experiencias humanas (entendiéndolas como Dewey, como todo intercambio del organismo vivo con su entorno) es que surge la necesidad de utilizar estos lenguajes de formas diversas. Así, para los intercambios directos y simples, que son sólo sensacionados y apenas percibidos (y que son sin duda relevantes para la supervivencia física), ciertos lenguajes cotidianos, acotados a una simbología directa y precisa, particular de un entrono humano restringido, bastan para comunicar estas experiencias. Sin embargo, aquellas experiencias de gran complejidad, (que involucran al ser humano como un todo, con su entorno y con su historia), estos lenguajes directos no se aprecian como suficientes para expresar esa complejidad e integralidad. Pueden ser suficientes cuando una experiencia compleja es comunicada a quien nos conoce y comprende casi sin palabras. Pero si la intención es comunicar más allá, con más profundidad, con mayor comprensión de esa complejidad, a mí mismo /a o a otros/as, se requieren lenguajes más abiertos, flexibles y modificables. Surgen así los lenguajes de la ciencia (fórmulas sustentadas en la matemática) que describen y explican; y los lenguajes del arte: la música, la expresión plástico – visual, el baile, la literatura y sus diversas integraciones, que se aproximan a comprender, a interpretar la realidad.

La complejidad percibida en estas experiencias, requiere de sensibilidad y es esta misma sensibilidad la que lleva a este animal consciente, a percibir la verdad y la bondad que se incorpora en estas experiencias cuando son realmente integrales e inclusivas del entorno y la historia. De no ser la experiencia compleja e inclusiva, no permitirá la verdadera felicidad de la persona. La dejará aislada y plana, por cuanto no se apropiará ni compartirá, en la forma abierta y diversa que enriquece, esa experiencia que sólo se manifiesta en la integración con el entorno y que busca potenciar la buena vida y existencia en todo, y en todos y todas.

Se busca en este texto establecer algunas evidencias de esta estrecha relación entre los lenguajes expresivos del arte que interpretan y comunican experiencias integrales e inclusivas (obras que, como decía George Santayana, celebran la vida) y el comportamiento ético de los seres humanos, ese comportamiento que nos hace responsables de promover y celebrar la vida y existencia en el cosmos.

Para ello, se analiza en primer lugar, la comprensión del fenómeno artístico como un proceso, para luego establecer algunas de relaciones de este proceso con lo ético y lo estético, para finalizar en una posible concepción de lo que es arte celebrante de la vida y sus manifestaciones culturales concretas.

Se busca luego analizar cómo las personas se aproximan a la apreciación y creación de estas formas de arte, efectuando algunos planteamientos referidos al cómo, en nuestras vidas, nos vamos apropiando de los elementos de los lenguajes del arte: de la música, de las artes visuales-plásticas, de la literatura y del arte del movimiento.

Finalmente se plantean algunas propuestas para conducir a niños y niñas a una apreciación y creación de sus experiencias complejas, a través de lenguajes del arte, en forma tal que sus vidas posean una ética natural y sólida.

# Capítulo I: Consensuando algunos conceptos

## 1.1. *Arte como un proceso: el elemento creativo-interpretativo y apreciativo*

**¿Por qué el arte?**

Los seres humanos somos seres teleológicos por excelencia. La carencia de fines, de utopías, merman lentamente nuestro deseo de vivir con plenitud, alejan de nosotros el significado que hace de nuestras vidas algo digno de ser vivido.

Son las experiencias profundas, integrales, conscientes y plenas (experiencias cumbres les llama Maslow, © 1968 [1], y experiencias reales les llama Dewey, © 1938[2]) las que nos permiten verdaderos aprendizajes y vida plena, vida con sentido. Y la expresión de este tipo de experiencias que vivimos en contacto con otros /as y la naturaleza, esa comunicación, ocurrirá con verdadera profundidad, utilizando no sólo lenguajes cotidianos y/o científico-descriptivos, sino esencialmente, los lenguajes del arte. Porque son estos lenguajes los que permiten acercarnos a esa característica elusiva y maravillosa que hace de una experiencia una experiencia cumbre o real. Dewey le llama a ese momento en que tomamos conciencia de lo profunda de la experiencia, "fase estética". Y sólo los lenguajes del arte logran captar ese momento.

Es por tanto un deber ineludible de todo ser humano y, particularmente de aquellos que de una u otra forma, ya sea formal o informalmente tenemos la obligación de contribuir al desarrollo de otros /as, considerar la apreciación y expresión estética y artística como una parte fundamental del vivir pleno.

**Posibles definiciones de arte:**

El arte puede ser definido en formas muy diversas:

---

[1] Maslow, A (2007, © 1968) **El hombre autorrealizado Hacia una psicología del Ser**. Editorial kairós Numancia, 117-121 08029 Barcelona (Título original: TOWARD A PSYCHOLOGY OF BEING Traducción: Ramón Ribé. © 1968 by Litton Educational Publishing. Inc. © de la edición en castellano: 1972 by Editorial Kairós, SA. Primera edición: Marzo 1973 Decimoséptima edición: Noviembre 2007 1.S.B.N.-10: 84-7245-228-X I.S.BJM.-13: 978-84-7245-228-2 Depósito Legal: B- 48.401/2007)

[2] Dewey, J (1980 © 1938) **Art as experience**. Perigee Books. The Berkley Publishing Group, Nueva York

❖ Hay quienes sostienen que es una herramienta que posee el ser humano para generar cambios en sí mismo y en su cultura; incluso, de acuerdo a las culturas más antiguas, el arte podría provocar cambios mágicos en la naturaleza tanto interna del ser humano como en aquella que lo rodea. Entre las personas que se han dedicado a pensar lo que es el arte, existe esta tendencia que sostiene que el arte es la simbolización de aspectos que cambian a las personas y/o naturaleza en general. Entre estos autores se encuentra Tolstoy (1970). Él sostenía que el arte es el medio para expresar los más profundos sentimientos y valores humanos, que él identifica con los del cristianismo, y que permiten que las personas generen cambios en sus vidas internas y externas, acercándose cada vez más al ideal valórico enunciado[3]. No son parte del arte obras, por ejemplo, musulmanas, chinas u otras, que no adhieren tal vez a todos los valores del cristianismo.

❖ Hay quienes sostienen que el arte es una actividad humana, que puede o no tener un producto permanente y que tiene por objetivo provocar algún placer en el creador y el espectador. Es el planteamiento de Marcel Duchamp (1978), pintor de principios de siglo, quien resta importancia a la elaboración del objeto e introduce el tema de los "ready-made", esto es, objetos pre-hechos, a los que se les agrega o no algo del artista que los encuentra. Lo que importa es el placer, el deseo del creador o "encontrador" de exponer este objeto, que complace por su forma o por la acción de su encuentro o alteración, y no por el contenido a transmitir[4]. En este sentido, el arte pornográfico o del horror, caben perfectamente en el mundo del arte a ofrecer en la educación artística.

❖ Y hay quienes sostienen que el arte es una actividad comunicativa del ser humano que le permite transmitir y aclarar, primero a sí mismo /a, y luego a otras u otros, ciertas cualidades de las experiencias, que las hacen únicas y significativas, que **no** pueden ser expresadas y comunicadas con lenguajes cotidianos. Es el caso del filósofo

---

[3] Tolstoy **"What is art?"** en Kennick, W.E **"Art and philosophy"** St. Martín Press, New York 1970
[4] Duchamp, M **"Apropos of ready-made"**en Kostelanetz, R **"Esthetics contemporary"** Prometeus Books - New York - 1978

John Dewey (1980)[5], quien sostiene que el arte es el cultivo intencionado y consciente de la fase estética de nuestras experiencias vitales, que se ex-presa (se presiona hacia afuera) en un objeto o lenguaje artístico, que permite compartir con otros el sentido profundo de la experiencia.

El arte, en este texto, que busca contribuir a la educación de las personas, será considerado desde la perspectiva expresionista. Es decir, se considerará arte a aquel proceso comunicativo de esas fases estéticas (Dewey, 1980) de nuestras experiencias intensas e integrales, que requiere de un lenguaje diferente al cotidiano. Entonces, puede ser considerado indispensable en la vida humana, por dos razones fundamentales:

❖ Porque permite comunicar plenamente las vivencias estéticas, requiriendo de estos lenguajes artísticos, que a su vez requieren pensamiento, asociándose la belleza a la verdad. Se promueve así el desarrollo integral, necesario para un desarrollo pleno y armónico, a la vez que respetuoso de la diversidad.

❖ Porque la vivencia estética, expresada en estos  lenguajes, es la que nos permite encantarnos con lo que apreciamos y por tanto nos invita a amar la vida, asociándose la belleza a la bondad.

**Algo sobre lo estético y la sensibilidad estética:**

Al hablar de lo estético no nos referimos, por cierto, a lo bonito o decorativo, sino a aquello que incorpora lo vitalmente significativo. Es una posibilidad de la experiencia humana a la que sólo se llega mediante el conocimiento profundo e integral del objeto o sujeto con que se vive la experiencia. Y es mediante los sentidos abiertos, la emocionalidad abierta que se generan percepciones y sentimientos profundos de encantamiento ante aquella maravilla única que percibimos en la naturaleza, incluyendo a las personas y todos los seres del planeta. Es a ello a lo que llamaremos sensibilidad estética, sensibilidad que deberíamos promover activamente.

---

[5] Dewey, John **"Art as experience"** Perigee Books - USA - 1980

Es posible apreciar que en esta definición de lo estético se involucra una idea ética: lo bello es bondad y verdad. Esta concepción ética y estética, implica a la persona en forma integral, puesto que no sólo está presente la sensación y la emoción, sino también la cognición, la percepción plena, la toma de conciencia que se efectúa del sujeto u objeto que estoy apreciando. Y genera, por tanto, ese encantamiento que sólo podrá exigirnos hacer el bien activamente a aquella maravilla única que hemos aprehendido ¿Cómo podríamos destruir o permitir la destrucción de algo que nos ha parecido maravilloso, único y pleno?

Esta toma de conciencia puede ser incluso atemorizante: por ejemplo, la erupción de un volcán, necesaria para la acomodación de la tierra, pero aterrante por nuestra magra comprensión de la vida, tal vez. Sin embargo, nos conmovemos con esa belleza majestuosa; es lo que Kant llamaba lo "sublime" de la experiencia estética (Kant, en Valverde, 1990)[6].

Y es esta experiencia estética, o esa parte estética de la experiencia, la que expresamos en un lenguaje artístico, puro o integrado con otros.

Nelson Goodman (1968)[7] sostiene que el lenguaje artístico se caracteriza por ser sintáctica y semánticamente denso y sintácticamente repleto, exacto. En otras palabras, lo estético se configura en un lenguaje en el que cada elemento se ubica donde corresponde para expresar lo que corresponde, en el nivel de profundidad que corresponde a lenguajes que expresan lo que el lenguaje cotidiano (habitualmente sintáctica y semánticamente más plano) no puede.

Esta característica hace del lenguaje artístico un lenguaje abierto, en el que caben muchas verdades, muchas miradas e interpretaciones, en tanto se mantiene una cierta estructura central o básica. Y el lenguaje utilizado, aparte de ser denso por cuanto expresa lo que debe, es repleto, por cuanto nada sobra en él.

En la construcción de un aprendizaje, sea este artístico o científico, el lenguaje en el que nos comunicamos primero a nosotros/as y luego a otros/as lo aprendido, posee cierta exactitud semántica. De otra forma no reconstruiríamos el mundo para apropiarnos de él. Y por supuesto, es significativo, tiene sentido profundo, sea este sentido con énfasis en lo emocional o en lo intelectual. Existe entonces en un verdadero aprendizaje, una plenitud

---

[6] Kant, citado en Valverde; J.M. **"Breve historia y antología de la estética"** Editorial Ariel, Barcelona, 1990
[7] Goodman, N "Languages of art" The Bobbs Merril Co. N. York 1968

semántica y sintáctica, que lo transforma en estético. Así, cualquier aprendizaje permite una experiencia estética en la que se logra este placer que proviene del encuentro con lo propio y que lo hace grande, del encuentro del verdadero sentido vital. (Dewey, Op. Cit.)

Dicho en palabras sencillas, el verdadero aprendizaje produce un placer estético, el placer de lo creado y de lo propio que ensancha el alma. La comunicación del aprendizaje, al igual que el arte, requiere de un lenguaje que también es necesario hacer propio, reelaborar, reinventar. Y en este sentido, la comunicación de los aprendizajes significativos, se caracteriza por esta plenitud  sintáctica y semántica, por esta exactitud sintáctica.

No nos son útiles por tanto aquel conjunto de objetos que algunos consideran obras de arte, en los que no interesa más que lo estético "placentero", una simple cáscara que provoca placer, agrado o desagrado tal vez, pero sólo placer al fin; objetos en los que la re-elaboración propia tiene poca o nada de importancia. Estas creaciones humanas, son defendidas por sus creadores como elementos que no pueden ser responsabilizados (y por tanto a sus creadores tampoco) de la forma en que impacten a los observadores. Tal es el caso de obras pornográficas, que incitan al odio o a la destrucción. Y si bien es cierto estas obras pueden ser válidas en el caso de adultos, los seres humanos en formación requieren de al menos la mediación de algún educador frente a ellas, para ayudarles a entender que la destrucción de la vida no es lo deseable en este mundo.

Muchas cosas se han dicho sobre la sensibilidad estética en la vida humana, generalmente relacionando estas reflexiones con la actividad más próxima a esta sensibilidad: el arte.

Entenderemos lo estético como lo han definido Dewey (1939), Langer (1951), Read (1948) y otros, como aquella cualidad referida a la belleza vital, profunda que se encuentra en las experiencias que los seres humanos viven y que les hacen abrirse al mundo, a la vida y aprender de ella, transformándose y transformando. El arte es entonces una actividad comunicativa del ser humano que le permite transmitir y aclarar, primero a sí mismo /a, y luego a otras u otros, ciertas cualidades de las experiencias, que las hacen únicas y significativas, que **no** pueden ser expresadas y comunicadas con lenguajes cotidianos.

La experiencia estética, entendida como aquella que nos permite apreciar los aspectos profundos y significativos de nuestros encuentros o experiencias, no es privativa del arte. En efecto, la experiencia estética ocurre a menudo en la contemplación de la naturaleza, en las relaciones humanas profundas, entre otras. El arte como objeto y como creación permite la expresión y por tanto la comunicación de la experiencia estética, así como también ofrece la posibilidad de una nueva vivencia estética (Carrit, 1983)[8].

La idea de Ética:

En las tres formas de definir el arte, antes planteadas, se puede percibir un peso diferente en la relación estética-ética: un gran peso de la ética en la primera tendencia referencialista (Tolstoy), un peso inexistente de la ética en la segunda tendencia (Ducahmp) y una búsqueda del perfecto equilibrio en la tercera tendencia, entendiendo que en esta tendencia se acepta que la experiencia humana profunda es la que genera más vida. De aquí que el arte, de acuerdo a esta tendencia, abarcaría aquellos objetos que son "celebración de la vida"[9].

El conjunto de objetos y experiencias artísticas deseables para la formación humana, porque ayudan al encuentro de los motivos que hacen de la vida algo digno de ser vivido por todos y todas, y ayudan por tanto a la felicidad de las personas, son aquellas que encuentran este equilibrio ético y estético.

Entenderemos lo ético en el sentido que lo planteaba Albert Schweitzwer, siguiendo sin duda la sabiduría de hombres y mujeres de diversas épocas: "Una persona es ética sólo cuando la vida, en cualquiera de sus manifestaciones, le es sagrada. La vida de las plantas y animales, de hombres y mujeres. A todos ellos dedica su vida para ayudarlos si es que lo requieren para una mejor vida."[10] O en palabras de Ortega y Gasset, el comportamiento ético es aquel que promueve el bien común.[11] En esta concepción de ética, la diversidad humana y natural, en toda su extensión, tiene cabida y derecho al respeto pleno de su

---

[8] Carrit, E.F.. *Introducción a la Estética*, México, FCE, 1951; 1983.
[9] Santayana, G *What is art* Penguin Books N. York 1982
[10] Schweitzer, A , citado en Christian, J L **"Philosophy: an introduction to the art of wondering"** Holt. Rinehart and Winston, New York 1977.
[11] Ortega y Gasset **"Obras Completas"** en Fischl, J **" Manual de historia de la Filosofía"** Edit. Herder Barcelona, 1980

dignidad de ser, en tanto su expresión del ser que desean o deben ser, no genere daños a otros /as o a la naturaleza.

Fernando Savater[12], establece ciertas diferencias entre ética y moral. Así, para el autor la moral corresponde al conjunto de comportamientos y normas que solemos aceptar como válidos, en tanto que la ética está referida a la reflexión sobre las razones que nos llevan a considerar como válidos determinados comportamientos y normas. Sin embargo, el autor concluye que una u otra pueden ser comprendidas como elementos que contribuyen al arte de vivir una buena vida, lo que implica el bien común para todos los seres del planeta, en toda su maravillosa diversidad.

### El arte: unión ética estética

El arte es una experiencia humana que emerge de una experiencia real. La experiencia real puede hacer surgir otro tipo de experiencias, como es la científica, o la expresión común. En el arte, la persona ex-presa (presiona hacia afuera de sí), los significados vitales experimentados, elaborando cuidadosamente sus ideas y emociones, en un lenguaje particular del arte (lenguaje de sonidos y silencios, o música; lenguaje de formas y colores en un espacio, o plástica; lenguaje de gestos y movimientos del cuerpo en el espacio, o expresión corporal; lenguaje de palabras reunidas para provocar ritmos e imágenes, o literatura), el que puede o no incorporar objetos previamente elaborados.

Esta experiencia artística involucra un proceso de creación y luego uno de apreciación. Cada uno de estos procesos, el de creación y el de apreciación, pueden ser analizados en sus posibles etapas y en las formas en que estas etapas pueden ser bloqueadas. Y algunos de estos lenguajes exigen el proceso intermedio de la interpretación, como es el caso de la música y la danza. Y desde estas interpretaciones de un artista sobre la obra de otro/a, continúa el proceso de apreciación.

---

[12] Savater, F (1991) Ética para Amador. Descargado en Octubre 2017, desde:
http://www.itvalledelguadiana.edu.mx/librosdigitales/maslibros/etica-para-amador.pdf

El arte, en su proceso expresivo – creativo y en la continuidad de este, en el proceso de la apreciación artística, ofrece la posibilidad de apreciar el encuentro perfecto entre lo ético y lo estético (aunque sin duda este encuentro puede no darse, si aceptamos como arte objetos y procesos que, como sostiene Santayana, no celebran la vida). Este encuentro entre la ética y la estética, fue clara y hermosamente descrito por el poeta inglés John Keats (1867), cuando nos dice que lo bello es verdad y que esto es suficiente conocimiento para vivir bien la vida.

Esta concepción ética y estética, implica a la persona en forma integral, puesto que no sólo está presente la emoción, sino también la cognición, la toma de conciencia que se efectúa del bien (o manifestación de la vida) que hay en el sujeto u objeto que estoy apreciando. Cuando los pensadores de la teoría crítica plantean la necesidad de la liberación, vale decir esa emancipación que permite la felicidad, lo que buscan es una toma de conciencia, la creación de *"…las condiciones bajo las cuales la irracionalidad, la dominación y la opresión pueden ser transformadas y superadas por la acción colectiva apoyando los fundamentos para la igualdad y la justicia social"* (Mclaren, 1984, p. 208)[13]. Ello requiere abrirse integral y sensiblemente a la realidad, para empatizar con ella, conocerla y amarla, para dialogar en un afán transformador. Es lo que hace el artista: se apropia de la realidad, se abre sensiblemente a ella y busca comprenderla. Esta toma de conciencia puede ser incluso atemorizante: por ejemplo, la erupción de un volcán, necesaria para la acomodación de la tierra, pero aterrante por nuestra magra comprensión de la vida, tal vez. Sin embargo, nos conmovemos con esa belleza majestuosa; es lo que Kant llamaba lo "sublime" de la experiencia estética.

La creatividad:

Apreciación (de la naturaleza, de la cultura) y creación (expresión creativa), son los procesos básicos del arte.

Podemos entender la creatividad como una característica de las personas, en cuyo caso puede considerarse como una forma de utilizar la mente, que lleva a las personas a generar propuestas de transformación de algunas partes de la realidad. Estos/as creadores /as,

---

[13] Mclaren, P. (1984). La vida en las escuelas. México: Siglo Veintiuno Editores.

generan productos originales (no frecuentes) y son con gran frecuencia personas que poseen fluidez de pensamiento (generan gran cantidad de ideas) y flexibilidad (son capaces de mirar el mundo de formas diferentes, cambiando). Pero para producir algo creativo es necesario atravesar el llamado proceso creativo. Este parece emerger de una forma particular de percibir las experiencias que nos corresponde vivenciar. Una percepción intensa e integral y asociada con una cierta sensibilidad abierta y libre, que permite esta percepción con este nivel de intensidad. Esta primera etapa del proceso llamado percepción intensa o de "esfuerzo mental" (Taylor, 1964)[14] ocurriría entonces al vivenciarse la fase estética de  una experiencia real.

Esta vivencia perceptiva, nos lleva a descubrir algo en la situación que deseamos resolver; en el caso de la creatividad artística, se intenta encontrar la forma de expresar el significado vital encontrado en la experiencia. La solución, el encuentro con la forma que nos satisface, única para cada persona (Rogers, 1980)[15], es una búsqueda consciente o inconsciente que ha sido llamada de preparación (Wallas, 1926) [16] o de incubación (Taylor, op. Cit).

Repentinamente, se encuentra la solución que se andaba buscando, solución que al creador no le cabe duda, es la verdadera. Es el llamado momento Eureka (Wallas, op cit) o iluminación (Wallas, op. Cit.).

La última etapa corresponde a la elaboración de la solución encontrada. El creador deberá escoger el medio de su preferencia expresando original o auténticamente su emoción e idea. Esta etapa ha sido llamada de elaboración o verificación (Wallas, op. Cit.).

La originalidad de los productos elaborados puede ser individual, cuando éste no es novedoso para el grupo social en el que se inserta. Tal es el caso de las obras de niños y niñas quienes son originales y auténticos en sus creaciones, pero sus obras son las mismas que han elaborado los niños y niñas del mundo, posiblemente desde que éste existe. Así lo han probado estudios de recopilación de obras infantiles (Kellogs, 1976)[17]. Otras obras poseen originalidad social, por cuanto son únicas desde la perspectiva del grupo social. La excesiva valoración que se hace de la originalidad social, impide la autoestima sana de muchas personas que son auténticas y

---


[14] Taylor "Creativity: progress and potential" Mc Graw Hill - New York - 1964

[15] Rogers, C "Toward a theory of creativity" en P.E. Vernon Editor "Creativity" Penguin Books 1980

[16] Wallas, J "The art of thought" Cape Editors New York 1926

[17] Kellogs, R "The children's drawing" Mc Graw Hill - New York - 1976

creativas, pero que no han tenido la suerte de ser las primeras. Por otra parte, este énfasis en la originalidad social empuja a muchos y muchas a buscar la originalidad sin ser verdaderamente auténticos, cayendo en una suerte de creatividad vacía.

Si valoramos por igual la originalidad individual, promoveremos la formación de adultos cada vez más creativos, sanos y tolerantes de la diversidad, flexibles y adaptables, capaces de valorarse a sí mismos como a los demás.

La vivencia de estas etapas lleva a las personas creativas a evidenciar ciertas características que nuestra cultura, y especialmente nuestra cultura escolar no valora: curiosidad, aceptación del desorden, cuestionamiento permanente de lo establecido, actividad y capacidad de ensimismamiento, cierta timidez asociada a autovaloración y autoestima que le permite no dejarse aplastar, constancia y capacidad de trabajar en lo que le entusiasma.

Por sobre todo, es importante recordar que la creatividad por sí sola puede no ser apropiada al bien común. Es necesario que esté asociada a un entusiasmo sensible por la vida y sus diversas manifestaciones, un entusiasmo y comprensión de la necesidad del bien común para nuestra propia felicidad. En la creatividad artística, esta característica parece estar presente.

La apreciación.

La obra producida por un artista o un científico, no concluye con el proceso de creación. En efecto, este continúa en el proceso de apreciación. Este proceso, que conlleva en sí el germen de la creación, es también un proceso que se vivencia integralmente. Es así que, de acuerdo a Copland (1967)[18], la verdadera apreciación musical ocurre en tres planos que pueden darse casi simultáneamente:

- Plano sensual: la obra es percibida a nivel físico, de sensaciones. Es lo que nos ocurre cuando nos da un frío en la espalda al observar una obra plástica, o se nos pone "carne de gallina" al escuchar un cierto tipo de música. Este plano es una suerte de puerta de entrada a la verdadera apreciación artística. Parece ser que, si esta conmoción física inicial no ocurre, es mucho más difícil llegar a penetrar la obra verdaderamente. Los juegos sinestésicos ayudan enormemente a sensibilizar a las personas en torno a este plano

---

[18] Copland, A "What to listen from in music" American Library - 1967

sensual; así, imaginar el sabor de una música, el sonido de un color, la textura de un poema, son ejercicios imaginativos que sensibilizan en el plano sensual.

-Plano expresivo: en forma casi simultánea, se comienzan a percibir las emociones incorporadas en la obra. Y si bien es cierto cada uno de nosotros /as percibimos las emociones de la obra con sutiles diferencias, es también verdad que la base gruesa y esencial del sentimiento expresado, es percibida de la misma forma por todos y todas. Así, puede que una persona opine que tal o cual obra es tristísima y otra diga que es melancólica. Pero ambas estarían de acuerdo en opinar que no expresa una alegría loca.

- Plano intelectual (Copland le llama "puramente musical", porque él es músico; pero la esencia es la comprensión intelectual, analítica de la obra): en el que la persona comprende cómo el uso de ciertos elementos del vocabulario artístico le han provocado tales o cuales emociones o sensaciones. Comprendemos que la intensidad del color me hizo percibir una sensación de calor violento, de sofocación. O que la melodía tan lenta y suave, como lejana, es la que me provoca esa melancolía.

Si bien es cierto Copland se refiere a la música, es posible plantear que este proceso se vivencia con diferentes énfasis, en la apreciación de cualquier obra humana.

El proceso de apreciación, al igual que el de creación, requiere de las sensaciones, las emociones y el pensamiento e ideas. En consecuencia, es posible apreciar que ambos son una experiencia real. A partir de este punto, la persona, según sus intereses particulares, generará una expresión personal, artística o científica.

Bloqueos del proceso:
Cualquier actitud o acción que impida a las personas sensacionar, expresar emociones o pensar claramente, será un bloqueo para el proceso artístico o científico. Con diversos nombres, los estudiosos de la creatividad han definido tres tipos de bloqueos, que son aplicables tanto a la creatividad como a la apreciación (Sinberg, 1976) [19]:

- Bloqueos perceptuales: son creados por la carencia de estimulación sensorial que no sea visual. En efecto, nuestra cultura es eminentemente visual, y se han dejado de lado los

---

[19] Sinberg "Los obstáculos de la creatividad" en Davis, G.A y Scott. J.A. Editores "Estrategias para la creatividad" Kapelusz Bs. Aires 1976

restantes sonidos para conocer el mundo y asombrarnos con él. En muchas ocasiones somos sancionados/as por utilizar algunos de nuestros sentidos: no tocar, no olfatear, no degustar. Esta escasa utilización de los sentidos nos quita muchas de nuestras posibilidades imaginativas y de entusiasmo y pregunta frente a lo que nos ocurre.

- Bloqueos emocionales: están referidos a los sentimientos. La prohibición que en muchos momentos se nos hace de las expresiones de nuestras emociones, la impresión que nos provoca el sentir tal o cual sentimiento y que se nos diga que eso no lo podemos sentir y que es malo, nos lleva lentamente a sentir que no somos adecuados. Muchas pataletas infantiles se inician cuando el sentimiento del niño o la niña no es aceptado por el adulto. Cuando el niño o niña se enojan, rara vez se les dice "Ya veo que estás muy enojado" sino más bien "Pero cómo se te ocurre". La aceptación de la emoción infantil, sin enjuiciarla, no sólo no bloquea la creatividad, sino da al niño/a una posibilidad de vida más sana, una posibilidad de aprender a expresar sus emociones adecuadamente, sin dañarse a sí mismo, a los demás o a la naturaleza. Porque si bien es cierto no hay sentimientos malos, también es cierto que las formas de expresión pueden ser dañinas y por tanto malas. La expresión libre y que respeta el bien común, por rara que nos parezca, debe ser respetada.

- Bloqueos culturales: provienen de las normas sin sentido de nuestras culturas humanas. Así, muchas veces estas normas nos impiden expresar lo que sentimos, nos impiden sensacionar apropiadamente. Y también muchas veces estas normas se transforman en prejuicios contra ciertos grupos humanos, a los que restringimos aún más sus formas de expresión. Es lo que ocurre a las minorías étnicas, a las mujeres, a los niños y niñas, a los pobres, a los trabajadores manuales. Y estas prohibiciones que hace el grupo dominante sobre el grupo dominado, daña también, como decía Paulo Freire, al opresor.[20] Porque, por ejemplo, en el caso del machismo, los hombres se prohíben a sí mismos la expresión de ciertas emociones, para no parecerse al grupo oprimido, las mujeres. Y esto los daña y deja tan oprimidos como al otro grupo. Todos los "ismos" (machismo, clasismo, racismo) dañan tanto al opresor como al oprimido. Y, como dice Freire, ambos deben ser liberados. Porque

---

[20] Freire. P "Pedagogy of the Opressed" Continuum Publishing New York 1970

no sólo se estimulará la creatividad de estas personas, sino que el mundo será un lugar mejor para vivir.

Un momento de expresión creativa, debería ser una hora de descubrimientos. Para que esto suceda, como plantea Eisner (op cit)[21], el maestro y el alumno deberían primero descubrirse recíprocamente. Expresarse libremente, sin prejuicios. En una clase programada para la creación no hay maestros; sólo hay un grupo de personas que indagan, que desean comprender la realidad y transformarla. El maestro puede iniciar una situación haciendo una pregunta o planteando un problema; a partir de ahí, su tarea, en el sentido tradicional de maestro, finaliza; solo deberá mediar para potenciar las ideas impensadas que irán emergiendo desde todos /as. Es decir, podrá continuar participando del acto de descubrir, pero ya no como la persona que sabe, que conoce la respuesta. "En una clase programada para la creación, el maestro debe planificar su propia extinción " (Freire, 1970, pp. 45)[22]

## Los géneros artísticos:

Las obras creadas, sean de cualquiera de las ramas del arte antes descritas, pueden clasificarse en géneros artísticos. Esta clasificación depende de la función social que cumple el arte y de la universalidad espacial o temporal que esta función le confiere. Según esta clasificación, las obras artísticas pueden clasificares en tres grandes géneros o estratos:


### Género folklórico:

Conjunto de obras que cumplen la función social de unificar a una etnia o cultura. En consecuencia, estas obras permanecen vigentes en el tiempo, por varias generaciones, pero se circunscriben al territorio en el que habita la etnia o cultura. Es por ello que estas obras poseen universalidad en el tiempo, pero no en el espacio. Corresponden al llamado Folklore que viene de Folk (pueblo) y lore (tradición). En consecuencia, se agrupan acá las costumbres y obras creadas por un pueblo y que le entregan su identidad popular colectiva. EL floklore incorpora no sólo obras de arte, sin embargo, son ellas las que con más fuerza contribuyen a generar identidad de una nación o pueblo: las danzas, la música, la artesanía,

---

[21] Eisner Op. Cit. N°13
[22] Eisner Op. Cit N°13, pág.24

las leyendas, son todas manifestaciones del folklore de una cultura específica, de un pueblo o nación, que le permiten a cada individuo de esa colectividad, sentirse perteneciente a ella. En el caso del folklore chileno, podemos mencionar, entre las obras folklóricas musicales, la cueca. Entre las obras plásticas, las mantas de huaso de Doñihue; en la literatura, las leyendas chilotas y en el movimiento, el trote. Así, en cada país es posible identificar obras de los cuatro lenguajes artísticos, por si solos o integrados, que representan zonas con características particulares. Raúl Iturria (2006)[23] sostiene, citando a varios autores, que estas obras poseen características específicas: son en general anónimas, tienen un carácter colectivo y tradicional (perduran en el tiempo), y destaca que esta propiedad colectiva hace que las obras del folklore sean dinámicas puesto que cada cultura e incluso en cada generación se le asignan características que foloklorizan la obra en formas diferentes.

### Género popular

Otro conjunto de obras corresponde a aquellas que cumplen la función social de identificar a las personas con una generación, con una época determinada. La época que se siente como propia es la que se vivencia desde la adolescencia hasta la adultez joven, esto es, un lapso de entre 10 a 15 años.[24] Estas culturas populares propias de generaciones, abarcan muy frecuentemente el levantamiento de ídolos: deportivos, musicales, políticos[25]. Y no cabe duda que un elemento identificador de las personas con su grupo generacional, corresponda a la vestimenta (arte visual) a la música y la danza, así como a determinadas formas de apropiarse del lenguaje. Se aprecia así que el uso de los lenguajes del arte (visual o plástico, musical, del movimiento y la literatura o el lenguaje expresivo), está presentes en la identificación de estos grupos generacionales.

Es de enorme relevancia educacional la utilización de obras de arte de generaciones diferentes puesto que facilita la empatía inter generacional, muy necesaria en el siglo XXI.

---


[23] Iturria, Raul (2006) Tratado de Folklore. Editado en Uruguay. Descargado de
http://www.estudioshistoricos.org/libros/raul-iturria.pdf

[24] Leccardi, C y Feixa, C (2011) El concepto de generación en las teorías sobre la juventud. Última Década nº34, cidpa Valparaíso, junio 2011, pp. 11-32.

[25] Rubio, A y San Martín, MA (2012) Subculturas juveniles: identidad, idolatrías y nuevas tendencias. Revista de Estudios de Juventud; marzo 12 | n.º 96 España. Descargado de http://www.injuve.es/sites/default/files/Revista96_11.pdf

En consecuencia, las obras populares poseen universalidad en el espacio, por cuanto identifican una generación de grandes regiones del mundo; pero no poseen universalidad temporal por cuanto las obras pierden vigencia con el paso del tiempo.

Es importante destacar que el género popular, entendido de esta forma, es un fenómeno de este siglo, en el que la masificación de los medios de comunicación, permitieron que las obras creadas en un lugar, se universalizaran en el espacio. Antes de este fenómeno, las obras populares tendían a identificarse con las folklóricas.

Entre las obras populares se puede mencionar la vestimenta hippie de los años '60, en la plástica, la música de Phill Collins en los '70; el baile del charleston en los años '20 y las novelas de Corin Tellado en los '50 y '60.

### Género Docto:

Por último, está aquel conjunto de obras cuya función social es identificar a las personas con la raza humana. Son obras que poseen universalidad espacial, esto es, son conocidas en vastos territorios; y universalidad temporal, ya que permanecen vigentes por siglos.[26] Fernando Inciarte (1999) plantea que el tiempo y el espacio son dimensiones que permiten analizar cada lenguaje del arte, así como los estilos o géneros que se manifiestan en las posibles clasificaciones de sus obras. Es en este sentido que es posible proponer un conjunto de obras que poseen ciertas características espaciales y temporales particulares y a las que se les nombra, en este texto, como arte docto.

Es el caso de las obras de Miguel Angel Buonarotti, el Ballet de Isadora Duncan, la música de Mozart o la literatura de Cervantes. Se le ha llamado arte selecto o arte docto.

Cabe destacar que una característica relevante del arte docto, es que su creación requiere de especialización, ya que, en su gran mayoría, las obras son de mucha complejidad.

Sin embrago es de enorme relevancia destacar que los tres géneros acá descritos no pueden ser jerarquizados en términos de la relevancia mayor o menor que alguno de ellos tendría en la vida humana. Cada uno de ellos, como se ha podido apreciar, cumple una función social diferente: unificar a una cultura, unificar a una generación y unificar a la raza humana.

---

[26] Inciarte Armiñan, F (1999) Espacio, tiempo y arte. En: Concepciones y narrativas del Yo. Themata. N°22, 1999. Pags. 151-161 España. Descargado de: http://institucional.us.es/revistas/themata/22/15%20inciarte.pdf

Las tres son funciones esenciales que deben ser cumplidas para una vida feliz. La no pertenencia es tal vez una de las fuentes de tristeza más potentes que un ser humano puede vivir.

### Los lenguajes del arte:

La expresión artística, como se ha planteado, ocurre en un medio al que podemos llamar lenguaje expresivo. Este lenguaje puede adoptar cuatro formas básicas:

-El lenguaje de sonidos y silencios ordenados en el tiempo, correspondiente al arte de la música

- El lenguaje de formas y/o colores ordenados en el espacio (plano o en volumen), correspondiente al arte plástico visual-tactil.

- El lenguaje de los gestos y movimientos ordenados en el espacio y en el tiempo, correspondiente al lenguaje del movimiento expresivo o expresión corporal.

- El lenguaje de las palabras del idioma cotidiano, ordenadas rítmicamente y con la intención de construir significados y situaciones imaginarias, correspondiente al lenguaje de la literatura.

- Y es necesario mencionar los lenguajes artísticos integrados, tales como el teatro o el cine, entre otros.

Como todo lenguaje, es posible hablar de la estructura que poseen los lenguajes artísticos y de los elementos del vocabulario que emplean, vocabulario que, es claro, tiene una intención expresiva-creativa.

Es interesante destacar que los lenguajes artísticos se asemejan al cotidiano por su estructuración, que va desde lo simple a lo complejo, pero se diferencia de éste, por cuanto el lenguaje artístico utiliza símbolos no convencionales y por tanto imposibles de "traducir". En los lenguajes cotidianos, los símbolos son convencionales y tienen un significado restringido. Los símbolos artísticos poseen significados amplios y a su vez, particulares. Así, silla, puede ser traducido al inglés o al francés, y entenderemos prácticamente lo mismo. Pero no es posible "traducir" en este sentido, la silla del dormitorio de Van Gogh. Esa silla es todo un mundo particular y enorme.

Es interesante destacar aquí la opinión de Reimer (1989)[27] quien sostiene que no debe hablarse de lenguajes artísticos, sino de medios artísticos. Reimer sostiene que hay dos motivos fundamentales para ello: un lenguaje es una ordenación de símbolos convencionales, por lo cual todos los que participan de dicha convención, comprenden más o menos lo mismo. Este no es el caso de la obra de arte. Los símbolos allí utilizados son no-convencionales y el significado que se les puede atribuir es subjetivo, es diferente según las diferentes personas. La segunda razón expuesta por Reimer es la imposibilidad de traducir una obra de arte a otro lenguaje, e incluso a otro modo artístico. No ocurre lo mismo en el caso de los lenguajes convencionales: éstos sí pueden ser traducidos, y es así como lo dicho en inglés, puede ser dicho exactamente con el mismo sentido en español.

Sin embargo, si nos referimos a lenguaje artístico, estamos recalcando la idea básica de símbolo no convencional (al agregar la palabra "artístico") y haciendo también alusión a una característica importante del proceso y del producto artístico: su estructuración basada en combinación de elementos que van desde estructuras extremadamente simples, hasta otras de alta complejidad. Esta estructuración es propia de todo lenguaje. La diferencia estaría entonces, en el tipo de símbolo utilizado.

Al entender que las obras de arte y el proceso artístico ocurren con la utilización de un lenguaje, es posible efectuar un desglose de los diversos elementos que componen cada lenguaje artístico básico,

La importancia de conocer estos elementos radica en la posibilidad que ellos ofrecen de vivenciar el proceso de expresión artística, sea como apreciador o creador del mismo. Interpretando a Goodman podemos intentar comprender lo que él llama "plenitud semántica y pureza sintáctica".

Recordemos que al hablar de plenitud semántica, nos referimos a la posibilidad de expresión integral profunda que ofrecen los elementos y la estructura empleada. Y por su

---

[27] Reimer,B (1989) *"A Philosophy of Music Education".* Englewood Cliffs, N.J. : Prentice Hall, [1989]

pureza sintáctica, a la característica de la estructura de ser simple, sin elementos innecesarios para la plenitud semántica.

Entonces, el conocimiento de los elementos posibles de emplear, así como de sus posibles estructuraciones, nos permitirá apreciar y crear con mayores herramientas, un proceso y objetivo artístico.

A continuación, podemos apreciar algunos de los elementos más importantes de los vocabularios artísticos básicos, y en base a los cuales se estructuran más adelante, las secuencias del desarrollo artístico.

### El lenguaje de la música

La música ya lo hemos planteado, tiene como elemento crudo, al sonido, al silencio y sus distintas duraciones (porque el silencio musical, a diferencia del silencio común, es medido) y a los distintos timbres que estos sonidos poseen. Las combinaciones de sonidos de distintas duraciones, hacen emerger los motivos rítmicos. Si a estos motivos rítmicos les agregamos alturas diferentes (esto es graves o agudos), emergen los motivos melódicos; y finalmente, otro elemento básico de este lenguaje artístico ocurre cuándo combinamos una serie de sonidos de distinta altura y duración, superpuestos: es el motivo armónico.

Si diversos motivos rítmicos se combinan, aparece el ritmo en el que es posible distinguir esa especie de latido que ordena y al que se llama pulso, distintas duraciones (largos y cortos) y las distintas acentuaciones del pulso que corresponde a la métrica: como vals (acentuación cada tres) o como marcha (acentuación cada dos o cuatro). Es posible en el ritmo distinguir y emplear también las distintas velocidades del pulso (agógica) y las distintas fuerzas de emisión de los sonidos (fuerte o suave: dinámica).

La combinación de motivos melódicos origina una melodía que puede variar su altura general, o tonalidad, puede incorporar ascensos o descensos melódicos (esto es subidas y bajadas graduales, nota a nota, del sonido) y diversos intervalos o distancias entre notas. Es posible interpretar estos motivos con distintos instrumentos o timbres. Según cómo estas melodías se acompañen (a una voz, dos o más voces, con acordes, etc.), podrá variarse la textura y todo ello se estructurará en una forma musical cuyas partes se diferencian según melodía, agógica, dinámica u otras cualidades.

En el caso del arte plástico-visual, el elemento crudo es el punto y su desplazamiento nos permite obtener distintas líneas que varían según su tinte (fuerte o pastel), grosor (gruesa o delgada), dirección (estética o dinámica), tamaño (grande o pequeña) o continuidad (cortada o continua). La combinación de estas líneas conforma formas regulares (geométricas) e irregulares (generalmente, las formas naturales), de tamaños diversos y a la que puede agregarse luces (brillantez, claridad) y sombras (opacidad, oscuridad) y colores diversos, fríos (azules y derivados) o cálidos (rojos, amarillos y derivados), fuertes (intensos, brillantes) o pasteles (tenues, claros). Todos estos elementos se ordenan en una composición plástica estática (horizontal - vertical) o dinámica (oblicua curva), que dependerá de la dirección diversa que tengan las líneas, que podrá tener simetría (igualdad en tomo a un eje) o asimetría (desigualdad), utilización o no de la perspectiva (sensación de distancia producida por variación de tamaño) y ser en el plano (dos dimensiones) o en el volumen (tres dimensiones).



El arte de la literatura se inicia con el elemento crudo al que llamamos letra y que depende de la posición de los órganos fonadores y de cómo se emite el aire. La combinación de letras nos origina palabras con las que se denominan ideas, sentimientos y objetos y que pueden cargarse de expresión, transformándose lentamente en símbolos no convencionales mediante la utilización de diminutivos o aumentativos que cargan de distinto significado a las palabras según el sufijo agregado, mediante la invención de palabras no-convencionales que tienen un sentido diferente y entre las que se incluye la imitación en palabras, de sonidos y ruidos diversos, como es el caso de la onomatopeya (que imita un sonido de la naturaleza). Las combinaciones de palabras originan las frases, en las que existe la posibilidad de rimas (igualdad de sonoridad final), de puntuaciones diversas (reposos indicados), de aliteraciones (mediante la sonoridad repetida del inicio de las palabras) y de sinestesias (o utilización de sensaciones para describir otra que corresponde a otro sentido). Las frases pueden conformarse como versos (o frases con sentido propio) e historias en las que se distinguirán personajes (o actores del suceso narrativo), objetos, y en los que se podrán utilizar, para cargar de expresión o plenitud semántica a la obra, las repeticiones de ideas mediante juegos de palabras, hipérbaton (o inversión del orden de la frase), comparaciones (de ideas, objetos, etc.), metáforas (reemplazar al objeto descrito por otras ideas u objetos similares, sin nombrarlo abiertamente), hipérboles (exageraciones) y enumeraciones (de ideas u objetos afines). Los versos y anécdotas o historias, nos llevan, finalmente a la composición literaria, sea ésta lírica, como un poema; narrativa, como el cuento y dramática como el teatro.

### El lenguaje del movimiento corporal

Como ya se ha planteado, en el caso del movimiento, el elemento crudo es el cuerpo. Las posiciones que adopta el cuerpo, sea este completo o sólo parte de él, corresponde al gesto, que es el elemento básico que aporta un sentido, que expresa algo elemental. Las combinaciones de gestos, aún sin desplazarnos, esto es, en el espacio vital, permiten variaciones en la velocidad con que se suceden estas combinaciones o movimientos, en el peso o fuerza con que se ejecuten, en la continuidad relajada o la discontinuidad tensa de los mismos, en la variación que estos movimientos pueden tener en su amplitud, vale decir, en su tamaño en la horizontal, o en los niveles que se ejecuten, esto es, en las variaciones en la vertical.

Si el cuerpo se desplaza, nos permite nuevas combinaciones o elaboraciones aparte de las anteriores, por las interacciones que se producirán en distintas direcciones del espacio, el vestuario y la escenografía. La composición más elaborada, esto es, la coreografía, puede variar según su ritmo y según diferentes planes de piso u organizaciones de movimientos, interacciones, etc.

Elaborados los objetos artísticos mediante el empleo de estos lenguajes y sus distintos elementos de vocabulario, es posible clasificarlos según género y estilo.

### Obras de arte y posible clasificación

La apreciación artística que deseamos evaluar y promover en el niño, requiere los objetos artísticos. Nos interesa conocer cómo aprecia el niño estos objetos y sus cualidades.

Resulta importante, por tanto, conocer qué objetos artísticos podremos exponer a los niños.

Es por este motivo que se exponen a continuación, brevemente, los subconjuntos en que las obras artísticas pueden ser clasificadas. En esta forma será más fácil determinar el objeto artístico que deseamos exponer al niño para evaluar o estimular su sensibilidad frente a determinadas cualidades de los distintos lenguajes artísticos.

Como ya se ha planteado, una clasificación posible, es la de géneros o estratos artísticos, que corresponden a los subconjuntos de obras artísticas según la función social que estas cumplen y según el grado de universalidad que poseen. Cada uno de éstos géneros puede a su vez ser subdividido en adulto o infantil, según la intención original del creador: aclarar el mundo, o apropiarse del mundo como lo haría un niño o como lo haría un adulto.

Cabe señalar que la verdadera obra de arte no es adulta ni infantil, sino simplemente una obra de arte, que podrá ser apreciada por niños y adultos en diferente forma según su sensibilidad y madurez intelectual. Es frecuente que las obras llamadas infantiles carezcan de plenitud semántica o de pureza sintáctica, lo que les resta universalidad y entorpece el desarrollo artístico infantil. Los estereotipos plásticos, literarios y otros a que sometemos a los niños, producen en ellos un bloqueo, no sólo creativo, sino también expresivo y sensible. Porque, así como un buen lenguaje materno se adquiere al ser expuesto a un vocabulario y pronunciación rico y correcto, de la misma forma, un adecuado manejo y apreciación del lenguaje artístico se adquiere gracias a la exposición y adecuada conducción en el manejo y apreciación de las cualidades expresivas de verdaderas obras de arte.

Resulta entonces fundamental manejar algún criterio que nos permita asegurar la calidad artística de las obras que ofreceremos a los niños. Y el análisis de los géneros artísticos también nos permitirá obtener información sobre un posible criterio de calidad que dependerá de la universalidad de las obras.


Un objetivo educacional cada día más relevante dice relación con la formación valórica que lleva a niños /as y jóvenes a valorar la diversidad humana y natural. Valores incorporados en los derechos de las personas, así como los valores incorporados en el Desarrollo

Sostenible, están claramente referidos a la valoración de la diversidad humana y natural. Siendo las obras folkóricas las que permiten a las personas identificarse con su cultura, con su espacio geográfico propio, los conocimientos del folklore de los diversos grupos humanos nos facilitan la empatía, comprensión y respeto pleno de las culturas diversas del mundo. Y aquí radica su relevancia educativa: conocer el folklore propio, para luego adentrarse en el de nuestros vecinos y de grupos culturales cada vez más lejanos, conocimiento adecuadamente mediado, será un potente camino hacia una cultura respetuosa de los derechos a una buena vida de todo ser del planeta.

Es interesante destacar que al interior de cada zona folklórica se presenta también diversidad de estilos, los que se acomodan en las zonas y tiempos en los que son acogidos como elementos identitarios. El proceso de folklorización, es por ello posible de ser apreciado como dinámico, aun cuando conserva elementos que permiten a los integrantes de esa cultura, distinguir elementos permanentes.

Obras populares

El género llamado popular tiene la importantísima función social de unificar una generación en su edad joven (15 a 30 años). Así como el género folclórico satisface la necesidad de identificación del hombre con su espacio, el género popular le permite identificarse con su tiempo. Es por ello que las obras pertenecientes a este género poseen universalidad espacial, ya que son reconocidas como importantes y clasificadoras de necesidades de la época, por un gran número de personas de diversos lugares zonas geográficas. No son, sin embargo, universales en el tiempo puesto que sólo responden a necesidades de una generación. Es posible decir entonces que estas obras poseen una gran variedad de estilos que permiten conocer a las personas de la época en que se manifestaron. El estilo es la forma particular, una suerte de sello propio que poseen los creadores de una época determinada.

Es importante destacar que el género popular, tal como lo conocemos hoy día, en que sus obras se manifiestan con una universalidad espacial muy vasta, existe como tal sólo gracias a la masificación de los medios de comunicación y a la posibilidad de conocer, en forma cada vez más veloz e instantánea, lo que ocurre en las más diversas partes del mundo. Es posible suponer que antes que esta masificación se diera, el género popular se manifestaba sólo localmente, confundiéndose con obras folclóricas.

Los estilos populares que han poseído esta universalidad han permanecido por una y hasta tres o cuatro décadas.  Si recordamos brevemente los estilos populares de este siglo, que es cuando el género popular existe con verdadera universalidad gracias a la radio, el cine y luego la T.V., podemos reconocer, en una muy sencilla clasificación, al menos cuatro estilos que han poseído características importantes en su lenguaje artístico particular.  La exposición al niño de estas obras le permite aproximarse a la realidad de su propia época, así como la de sus padres y abuelos, informándole de sus necesidades, y permitiéndole comprenderlas.

Antes de la década de los años 20 del siglo recién pasado, los géneros popular y folclóricos estaban muy unidos.  La primera manifestación popular propiamente tal, esto es especialmente universal, ocurre en los años 20, en que se manifiesta, junto a una mezcla de euforia y de depresión post-guerra, un estilo de mucho movimiento, tanto en lo plástico-visual, como en el movimiento y la música, que se unen en el típico charleston.

Alrededor de 1940, se universalizan especialmente ciertas formas artísticas sobrias, con un dejo de melancolía, que tienen una manifestación clara en el movimiento y la música, así como en la literatura, que se unen en un arte integrado que deriva del jazz: es la época de los "blues".  La locura de los años 2O, que se apreciaba en una vestimenta colorida y de muchos adornos (largos collares, etc.) da paso a una vestimenta sobria y elegante.

Puede apreciarse que las cuatro ramas básicas del arte se integran y manifiestan en el género popular, al igual que en el folclórico: vestimentas, apropiadas para el baile que íntegra movimiento, música y literatura, en las canciones.

Cabe destacar también el importante rol que cumple el cine, especialmente al ser sonoro, en la difusión de las obras del género popular.  Las mismas obras del cine se comienzan a gestar como obras populares algunas, y doctas otras (lo que se ha llamado "cine - arte").

Los años 50 revelan nuevamente un estilo dinámico, casi agresivo, propio de una generación de post -guerra.  Es la época de la rebeldía, de la vestimenta hosca, del desenfrenado rock and roll.  Este estilo da paso a los años 60, a una nueva forma de enfrentar el mundo, con más esperanza, con una búsqueda de nueva armonía, de alegre colorido, de música y baile chispeante.  Es la época de los hippíes, de las flores y de los Beatles.

En las décadas de los 70 y 80, se han evidenciado dos fuertes estilos: una manifestación dinámica, agresiva, activa que evidencia en ropas oscuras y semidestrozadas, en bailes solitarios y agitados, derivados de los distintos tipos de rock. La segunda corriente corresponde a una suerte de vuelta a lo natural, a la defensa de valores, buscando vestimentas simples, de colorido alegre, de texturas toscas. El baile es poco frecuente, o si existe, es sólo un balanceo libre, que acompaña canciones de gran calidad musical y literaria, generalmente interpretados por sus propios creadores: son los trovadorescos cantautores.

Las canciones, unidas al baile y a la vestimenta de cada uno de estos estilos, permiten identificar diversas características artísticas y comprender la carga expresiva con que fueron utilizadas. Podemos, en música, destacar el pulso y las variaciones de agógica, así como los distintos coloridos, según estilo. La literatura incorporada en las canciones puede permitir destacar rimas, comparaciones y metáforas. El movimiento, las variaciones de niveles, de velocidades y las coreografía, y finalmente la plástica, la intensidad de los colores, su calidez, las formas predominantes.

En el siglo XXI el análisis de las obras populares está pendiente y es necesario observar con cuidado lo que ocurre con diversas manifestaciones generacionales en diversas zonas de un mundo cada vez más globalizado. La inmersión de los niños /as y jóvenes en el mundo tecnológico ha generado sin duda características generacionales distintivas que tienen sus manifestaciones en los diversos lenguajes del arte.


### El género docto

El análisis de los estilos doctos, con el objeto de resumirlo de alguna forma, lo haremos considerando seis grandes estilos que coinciden con épocas históricas claramente definidas. Estos estilos corresponden al arte occidental, abarcando Europa, América, parte de Asia y el norte de Africa. En oriente, se han manifestado obras derivadas del folklore de esas zonas, que es importante dar a conocer a los niños por su riqueza diferente que puede, sin ninguna duda, mejorar la nuestra. Es también el caso del folklore propio de otros países latinoamericanos. El acercamiento hacia estas manifestaciones (latinoamericanas y orientales) nos permitirá aproximarnos efectivamente a esas culturas diferentes, permitiéndonos respetarlas. Comprendemos mejor y más profundamente, que la diferencia no significa inferioridad, sino sólo diferencia y por tanto, posibilidad de enriquecemos mutuamente.

Los seis estilos que consideraremos en nuestro análisis, corresponden, por tanto, al arte docto de occidente, el que, con menor fuerza ha sido también conocido en oriente.

El primer estilo corresponde a la época histórica del medioevo, entre los siglos I al XII D. C.. Es una época teocéntrica en la que se manifiesta una alianza entre reyes del mundo derivado del imperio romano de Occidente, con los papas del cristianismo. La pérdida de poder de los reyes y el surgimiento de una nobleza basada en la posesión de tierras, origina cambios en las estructuras socioeconómicas, surgiendo así los señores feudales y los vasallos, manteniéndose la clase religiosa en monasterios y conventos, junto a los cuales surgen las primeras universidades. Las cruzadas, pestes y hombrunas que afectan Europa después del año 1000, provoca lentamente la caída del imperio y comienzan a surgir los comerciantes, que dan a la sociedad una nueva imagen. Surgen las ciudades y las repúblicas entre las cuales destacan las italianas Venecia y Florencia.

Cabe destacar, en esta misma época, al poeta Li Po, en China y su sucesor Tu Fu. En América, se encuentran en gran esplendor las culturas precolombinas, cuyas manifestaciones artísticas en la plástica han llegado a nosotros. Se sabe que música y movimiento se encontraban unidos, que era efectuado por mujeres y que la música era pentafónica. Características similares se dan en Oriente y en las culturas antiguas (Egipto, Persia).

Durante la Edad Media, el arte en Europa se encuentra estrechamente ligado a lo religioso (Gombrich, 1990)[28]. La pintura se mantiene dentro de tonos, suaves y cálidos. En la alta Edad Media surgen los mosaicos, en que es posible destacar la regularidad de las formas y las notorias líneas rectas, por lo general enmarcando las figuras. Estas características hacen de las composiciones de los mosaicos, algo estático.

---

[28] Gombrich, E.H (1990 © 1950) La Historia del Arte. Editorial Diana, México. Descargado de:
https://drive.google.com/file/d/0Bw-3yPOp2B3dRlVSQlRLcHZoRVE/view

Ligada a lo religioso, aunque a veces apartándose de ello en una crítica o ensalzamiento del amor mundano (llevado a veces a lo divino), la literatura en Europa encuentra grandes exponentes como Dante Alighieri y Petrarca (sonetos), quien marca a las generaciones venideras (Hauser, 1978)[29]. En su obra hay metáforas simples y, comparaciones.

El movimiento docto es inexistente, dándose sólo en el ámbito popular y ligado a la música y a veces al teatro.

La música docta corresponde al canto Gregoriano (Jay Grout y Palisca, 2001)[30]. Estas son obras religiosas recopiladas por Gregorio III cantadas al unísono por coros masculinos (un solo timbre: monocromía; sin acompañamiento: monotonía). Existen fundamentos para suponer que las obras eran compuestas en conventos de monjas (Drinker, 1948)[31].

La época histórica que corresponde a los tiempos modernos, abarca desde el siglo XV al siglo XVIII. Se manifiestan en estos siglos, los estilos artísticos Renacentistas, Barrocos (o Rococó) y Clásicos (neoclásicos).

Los siglos XV y XVI son los siglos del renacimiento, que surge por los ideales de hombre propios de la época: ya no es ni el héroe (Mío Cid) ni el santo de la Edad Media, sino un hombre mundano, refinado, culto y espiritual. La cultura pasa de un teocentrismo a un antropocentrismo que se manifiesta en las diversas ramas del arte. El artista deja de ser anónimo. Filósofos como Tomás Moro, Giordano Bruno, y más tarde, ya en el barroco, Descartes, permiten al hombre de la época percibiese a sí mismo como importante en el mundo y orgulloso de su razón. Los grandes descubrimientos geográficos (América) e inventos (papel, imprenta por Gutenberg, el espejo), así como los avances médicos y científicos que se inician (Kepler y la óptica, Galileo y la fuerza de gravedad) abren un gigantesco abanico de posibilidades que impulsan al hombre a su liberación. En las ciudades el comercio es activo y en Europa continúa el proceso de la inquisición. La iglesia finalmente se subdivide surgiendo el protestantismo con Martín Lutero a la cabeza. Por otra parte,

---

[29] Hauser, A (1978) Historia Social de la literatura y el arte. Editorial Guadarrama/PuntoOmega. España
[30] Jay Grout, D y Palisca, C (2001, © 1984) Historia de la Música Occidental. Alianza Editorial, España. Descargado de https://drive.google.com/file/d/0B6NW_wyR5FAlbnktOGMtVnlzOGs/edit
[31] Drinker, S. (1948). *Music and Women: the story of women in their relation to music.* New York: Coward-McCann, Inc.

Savonarola logra la expulsión de los Medici de Florencia, despertando un rechazo hacia los productos artísticos.

Sin embargo, un siglo y medio bastó para que se manifestaran algunos de los más grandes productos del espíritu humano.

Emergen así los grandes genios de la plástica: Da Vinci, Miguel Angel Buonarotti, Rafael Sanzio, Tiziano, Tintoretto y Veronés en los países bajos; Durero en Alemania. La obra plástica renacentista incorpora colores cálidos y fríos, formas humanas estilizadas, sobrias y etéreas, como Durero o fuertes y amplias como Miguel Angel; los rostros son expresivos.

Se encuentra en Miguel Angel al más grande exponente de la escultura renacentista. Destaca, también en este rubro, Donatello.

En la arquitectura de los monasterios destaca el tosco y vigoroso romanesco, y en las iglesias, el elegante y "elevado" estilo gótico.

En la Literatura se buscan las ideas de la razón, considerando como un valor superior, y la del amor romántico. En el primer caso están Villon, Cervantes, Lope de Vega y Maquiavelo. En el segundo caso Shakespeare, Manrique y Luis de León. Se encuentran abundancia de rimas, metáforas y descripciones, así como hipérbole y algunos hipérbaton.

En la música encontramos dos tendencias: religiosa, cuyo máximo exponente es Palestrina; y mundana o de naturaleza, cuya forma más típica es el Madrigal. Uno de los exponentes es Monteverdi, con quien también cobra importancia la ópera, uniéndose en ella el ballet la literatura, la plástica y la música; la música renacentista es polifónico en su textura (canto a varias voces) y se utilizan instrumentos como laúd, flauta y tamboriles. La música sólo instrumental es escasa y se liga a veces el movimiento, en el que se aprecian más variaciones en la altura (niveles de movimiento) que en la amplitud.

Ya en pleno siglo XVI, aún en la aún histórica correspondiente a los tiempos modernos, con la conformación de estados claramente definidos por fronteras naturales, se han iniciado un afán de conquista y el estado moderno, independiente de papados e imperios, se rige por lo que se conoció como las monarquías absolutas. Los súbditos, obligados a obedecer porque el rey lo era por mandato divino, se someten voluntariamente. Luis XVI expresó esta idea claramente: "El estado soy Yo". Surgen grandes ejércitos conformados ya no por mercenarios como en los siglos anteriores, sino por los propios súbditos.

Durante esta época, en América y Oriente la influencia europea y cristiana se hizo sentir, aplastando en formas diversas las manifestaciones artísticas de esas culturas diferentes. Una suerte de etnocentrismo impulsaba a los conquistadores a considerar lo propio como superior.

En la joyería de la época, se usaba una perla de forma irregular llamada "barroco", y de allí el nombre del estilo que surge, estilo vigoroso, lleno de ornamentación. Es la edad de la razón, siendo Descartes el filósofo característico de la época. Excluida de los salones de la aristocracia, la clase media comienza a crear su propia cultura. Tanto estas ideas filosóficas, como la nueva cultura que surge, toman cuerpo en el estilo barroco. Es también la época de la guerra civil norteamericana.

En Europa, en la plástica, se pinta a la monarquía con gran profusión de adornos y muy realistamente. Es el caso de Velázquez y Rubens. Los colores son pasteles y abarcan la gama de los cálidos y fríos, con predominancia de los cálidos. Las composiciones son tanto estáticas como dinámicas, aunque este dinamismo es más bien atribuible a la gran variedad de formas irregulares en los adornos, lo que llevará luego a los pintores al estilo rococó. Otros pintores toman temas religiosos, en los que destaca el español El Greco, con sus figuras alargadas y dinámicas y la predominancia de los fríos sobre los cálidos. Sus colores son más intensos. Es importante destacar a Rembrandt, el retratista holandés, maestro de las luces y sombras, que pinta al hombre de la calle, a la mujer común, evidenciando la cultura de la clase media, que surgía.

En literatura, se aprecia cómo la razón sigue predominando. Es el caso de las últimas obras de Cervantes, Shakespeare y Lope de Vega. Representantes claros del estilo literario barroco son Rabelais y Góngora, ambos con características que podría llamarse de una sutil ironía. Se aprecia en estas obras, especialmente las de Góngora, rimas, comparaciones y abundancia de metáforas. Otros autores, aún más complejos en su búsqueda, tienen como representantes a Calderón de la Barca, en España y a Comeille, en Francia. En Inglaterra destaca Defoc ("El Paraíso Perdido"). Hacia fines del período aparece Perrault, escritor de mitos y cuentos infantiles. El Quijote, de Cervantes, es escrito en los fines del renacimiento y principios del Barroco.

En música y movimiento, es importante mencionar la maduración de la ópera, con exponentes tan 11 importantes como Lully, Francia; Cavalh, en Italia; Purcell, en Inglaterra y Schütz, en Alemania. Es importante destacar el avance técnico de los instrumentos con los grandes constructores de violines como Amati y Stradivarius, y el uso del recitativo con G. Peri. El alemán Schein compone las primeras piezas para ballet, en forma suite, lo que impulsa la evolución propia del arte del movimiento, especialmente en Francia (el joven Rey Luis XIV apareció como bailarín en una obra). Con la propagación del minueto y bajo la influencia de Luis XVI se funda la primera Academia Real de Danza. Se debe destacar a Feullet, con el primer sistema de notación coreográfica. El ballet clásico, con su vestimenta característica que busca destacar el movimiento y se aprecia en él todo tipo de variaciones: en la velocidad, la fuerza y el espacio.

En la música instrumental destacan Bach, Haendel, Telemann y Vivaldi. Comienza la utilización de la homofonía. La línea de compás y la música claramente medida surgen en este período. Agógica y dinámica comienzan a apreciarse con más claridad pero siempre como agógica fija y dinámica plana o "por escalones". El color de las obras es generalmente instrumental (especialmente Telemann y Vivaldi), predominando alguna familia de instrumentos (cuerdas o vientos). Formalmente aparecen las suites (conjunto de danzas), el concierto entre partes y las formas básicas ABA y ABACA, con un episodio que se repite entre ellos. Los "movimientos" o partes de los conciertos son generalmente diferenciados también por la velocidad (Allegro el primero, Andante el segundo y nuevamente Allegro el tercero). Cada movimiento tiene su forma básica (ABA o ABACA). La temática de las obras es religiosa (Bach) o de naturaleza (Vivaldi). Cabe destacar también los adornos rítmicos y melódicos que se agregan a las obras:              trinos, mordentes y otros, dándoles así el carácter "adornado" del barroco.

Con la llegada del siglo XVII, Europa experimenta ciertos cambios. Lentamente, el país más importante pasa a ser Inglaterra y Francia pierde la supremacía. Es en Inglaterra que se inicia la Revolución Industrial. El nacionalismo desemboca en el humanismo y la filantropía.

La ilustración, esto es, el movimiento racionalista, propicia la libertad política, cuyo autor es el filósofo John Locke. Estas ideas son tomadas en Francia por Voltaire, Rosseau y Diderot. La libertad económica es propiciada por Adam Smith padre del actual capitalismo. La ciencia avanza, especialmente la química, la física y la biología (Franklin, Galvani, Volta, Darwin). Este "siglo de las luces" alcanza a toda Europa, y se establece el despotismo ilustrado, que lo llevará a su final.

Es época de razón y de sentir, de búsqueda de lo perfecto. Se enlaza al mundo greco-romano, sin embargo, surgen también, especialmente entre los artistas, voces disidentes por el mundo que a algunos aparece como injusto y doloroso. Los filósofos Hegel y Kant representan en gran medida estas ideas.

Goya y Reynolds, en la plástica, representan claramente este dualismo entre razón y sentir. El artista clásico (o neoclásico, como se le llama en literatura y plástica), aún trabaja para un patrón (eclesiástico, noble o político) y éste es el caso de Goya y Reynolds. Reynolds no se resiste a sus patrones y pinta a la nobleza, en tanto que Goya, aproximándose a los románticos pinta al pueblo y sus desgracias. Los coloridos son bullantes, utilizando Goya los más cálidos e intensos y Reynolds, más próximo al rococó, toda la gama y gran profusión de adornos. Se manifiestan paisajistas notables como Constable y Gainsbrough.

La literatura es erudita, próxima a la filosofía, en exponentes como Goethe y Schiller, y sensual en John Keats, el gran poeta inglés en cuya obra es posible encontrar bellas metáforas, comparaciones e hipérbaton.

La música tiene geniales exponentes como Haydn y Mozart, y posteriormente Beethofen, quien resulta ser figura de transición entre los clásicos y los románticos. Rítmicamente la música es elegante. En agógica se aprecian grandes variaciones (prestos alegres y rápidos; adagios lentos y tristes). Igualmente, en la dinámica hay grandes contrastes, apreciando la dinámica gradual (aumento o disminución paulatinamente de la intensidad). Estos cambios, sin embargo, no llegan a los extremos que alcanzan en períodos posteriores. En la forma, surge la sinfonía, la sonata y cobran importancia las óperas y los liederes.

En el movimiento, el ballet clásico en Rusia y Francia. Destaca la bailarina La Camagro y el coreógrafo y bailarín Noverre. El vals reemplaza al minuetto en el baile popular y desde

Viena, llega a toda Europa. En España, Sebastián Caruzo populariza y lleva a nivel docto el Bolero, en el que se destacan todo tipo de variaciones del movimiento, siendo en general, más enérgico que el ballet clásico.

Hacia fines del siglo XVII, producto de los derroches de Luis XV y Luis XVI, que han creado gran descontento en el pueblo, el 14 de Julio de 1789, éste se toma la Bastilla. La Revolución Francesa termina con el antiguo régimen dividiéndose los poderes del estado. Surge luego Napoleón, bajo cuyo imperio Francia se reorganiza. Derrotado en Moscú, el imperio Napoleónico llega a su final y Europa: se reorganiza, y los monarcas aliados se reparten el mundo. La independencia de América sobreviene y finalmente llega, en Europa, a las repúblicas. Se unifica Italia y Alemania y la revolución Industrial, así como diversas ideas filosófico - políticas que empiezan a surgir (Carlos Marx), dan fin al romanticismo idealista, iniciándose la época Contemporánea.

Durante el siglo XIX, los estilos artísticos se ven teñidos por el espíritu romántico. La Revolución Francesa contiene en sí el germen de este espíritu. La célebre frase *"Libertad, igualdad y fraternidad"* envuelve a pensadores y artistas e incluso al hombre común. Filósofos como Nietszche, Bergson y Buber incorporan, estas ideas en su obra.

Los artistas ya no tienen, o no sienten obligaciones hacia sus patrones. El arte romántico es apasionado busca mostrar la miseria del mundo y lo sublime. Tal es el caso, en la plástica, del tardío Goya, del sutil Ingres y del enérgico Delacroix. Colorido intenso y variado y un gran dinamismo son características de estas obras.

El realismo de Ingres y Delacroix comienza a abandonarse luego de la aparición de la fotografía. Nace entonces, con Cezanne, el impresionismo con exponentes diversos que permiten destacar características diversas del lenguaje plástico. Cezanne geometriza las formas, regularizándolas; Van Gogh utiliza gran variedad de texturas; Monet y Degas, manchas sutiles; Toulouse - Lautrec y Modigliani, líneas oscuras enmarcando sus figuras y Gauguin, grandes y brillantes espacios coloridos con texturas lisas. El impresionismo escultórico tiene a Rodin como su máximo exponente. En el post-impresionismo se encuentra la corriente puntillista con exponentes como Derain y Manet.

La lírica romántica encuentra a sus más claros representantes en Rimbaud, Becker, Emily Dickinson y Walt Whitman cuyas obras poseen rimas, metáforas, hipérbaton y sinestesias. Las novelas de Mark Twain, Charles Dickens y Víctor Hugo muestran crudamente la realidad de la época. Oscar Wilde escribe mágica y metafóricamente sobre los problemas que aquejan al hombre. Rudyard Kipling escribe historias mágicas y el teatro encuentra exponentes notables en el ruso Chekhov y el inglés Shaw.

La pasión se aprecia también en las características de la música de la época. En el ritmo, se varía la métrica dentro de un mismo trozo. Las melodías son extremas, de alturas y ascensos y descensos juguetones. La textura se desarma, variando las escalas dentro de un mismo trozo (pasan de una tonalidad a otra). La dinámica y la agógica es extrema y el timbre es a menudo de coloridos escaso: instrumento solista y orquesta o un sólo instrumento. Los valses, obras populares, alcanzan un nivel docto. El uso de pequeñas formas, como valses, polonesas y nocturnos, se hace común entre los músicos. Se destacan compositores como Schumann, Clara Wieck, Chopin, Strauss y en la ópera, Verdi y Wagner. Aparecen luego los impresionistas en música con exponentes como Debussy, Ravel y Dukas, cuyas obras sugieren escenas de la naturaleza, y por último, aún dentro del espíritu romántico, se encuentran los nacionalistas, quienes basan su obra en el folklore de sus países. En España destaca M. de Falla; Sibetius en Finlandia; Saint Saenz y Satie en Francia; Tchaykosky, Rimsky Korsakov, Borodin y Prokoviev en Rusia; D'Vorak en Checoslovaquia.

En el movimiento, el ballet alcanza grandes logros, con la bailarina austríaca Fanny Elsler y la rusa Ana Pavlova. Pero la gran revolución del ballet la hace Isadora Duncan, creadora verdadera de la danza moderna.

Hacia fines del siglo XIX y principios del siglo XX, el mundo contempla asombrado avances tecnológicos y científicos que no muchas décadas atrás habrían parecido magia: la fotografía, el cine, los autos, la dinamita
(A. Nobel) y la aeronavegación.

Es la época de la fiebre del oro, el momento de gloria de Marx en E.E.U.U. e Inglaterra. Es también la época del Rag Time, de Chaplin y de Lincoln. Luego vendrán grandes nombres de las distintas áreas del saber humano como Freud, Pasteur, Koch, Curie, Edison. En la filosofía Maritain, Deweyy Sartre, y en psicología Jung, Rogers y los gestálticos (Perl).

Las grandes guerras del siglo XX, producto del colonialismo, el armamentismo y el fanatismo de ideas, marcan al hombre de este siglo, quien percibe al mundo como caótico. Sin embargo, hemos presenciado también el surgimiento de grandes genios que nos alumbran y dan esperanza, proponiéndonos caminos más humanos a seguir. Basta mencionar a Einstein en ciencia, filosofía y música, a Rogers en psicología y filosofía, a Gandhi, Luther King, Biko y Romero, en política y religión.

El arte del siglo muestra también el caos que se percibe. Pero no faltan las figuras claras esperanzadoras.

Diversas tendencias pictóricas se manifiestan: el cubismo que rompe al mundo, geometrizándolo (Picasso, Georgia O'Keefe), el dadaísmo loco, con Marcel Duchamp preludiando el conceptualismo actual. También el surrealismo mágico, realista y sonador de Dalí, el expresionismo abstracto tremendo de Rouault, el op, el pop y el minimalismo. Hoy en día se encuentran las tendencias abstractas (Matta) e hiper-realistas (Claudio Bravo, N. Rockwell); y el cuestionado arte intelectual (Escher), del horror (M. Trent) y el arte "casual" (Snúthson). Será la historia quien decida cuáles de estos estilos persistan.

En literatura encontramos a los naturalistas como Machado y García Lorca, lleno de sonoridades e imágenes metafóricas. Los modernistas como Rubén Darío y Vicente Huidobro, con sus invenciones maravillosas de palabras. Los realistas como Miguel Hernández, Maiakowsky y Neruda, metafóricos y esperanzadores.

Encontramos en movimiento a grandes coreógrafos, como Balanchine y Anton Dolin y bailarines como M. Fontaine, Th. Tharp, R. Nureyev y M. Barishnikov.

En música, los atonalistas y expresionistas (Mahler, Shbenberg), los neoclásicos- (Stravinsky, Orff, Copland, Villalobos) y los conceptualistas (Cage, Stocifflausen), rompen los esquemas. El pulso no es claro; por lo general no hay tonalidad fija. Timbrísticamente se incluye la electrónica (Varesse) y ruidos cotidianos (Kagel). La textura es diversa (monofonía y homofonía). Dinámica y agógica son a menudo utilizadas en forma violenta y extrema. Algunas obras tienen influencia de Oriente y Occidente (R. Schankar).

Es importante destacarla cine arte, con exponentes como Chaplin, Bergman, Eisenstein y Fellini; así como la música que se compone para las obras (Vangelis en "Carros de Fuego"; Shankar en "Gandhi"; Morricone en "La Misión"; Jarré en "Dr. Zhivago" y Bernstein en "Amor sin Barreras").

El breve resumen presentado sólo intenta mostrar nombres y algunas características de las obras hasta el siglo XX, que permitirán al niño/a y joven, apreciar la expresividad que ellas poseen, apropiándose así de diversas experiencias reales y estéticas que le permitirán ampliar su visión del mundo.[32]

---

[32] Ver en Anexos Glosario de vocabularios artísticos

# Capítulo II: Desarrollo artístico en la infancia.

El presente capítulo se sustenta en diversas fuentes, entre las que es relevante mencionar el texto "Desarrollo Artístico en la Infancia" (Romo, 1995), la obra "Arte Mente y Cerebro" de Howard Gardner (1997), y diversas tesis de estudiantes que optaban a un título o a un grado y que indagaron en torno al arte y la infancia. Ello ha permitido generar una propuesta de análisis y posibles etapas del desarrollo artístico de niños y niñas antes de los 8 años, que permite plantear estrategias de promoción de las habilidades de expresión creativa y apreciación estética en ellos /as, de manera tal que esta potenciación contribuya, como ya se ha planteado a la formación de personas más sensibles, empáticas y acogedoras de los seres del planeta.

Cabe destacar en primera instancia que la postura de considerar el desarrollo artístico de las personas, no se sustenta en una idea que asuma estas etapas como elementos rígidos, inamovibles o estrictos para la diversidad humana que encontramos. No cabe duda que este desarrollo se ve influenciado por una enorme cantidad de variables tanto innatas o congénitas como culturales, propias del entorno familiar y luego escolar y cultural general, en el que el niño/a vive.

En este punto, es interesante considerar el planteamiento de Howard Gardner (op cit):

> *Durante los primeros años de vida, como mostró Piaget, el niño se ocupa de desarrollar sus facultades sensoriales y motrices básicas, así como de la tarea paralela de construir su conocimiento del mundo físico y social. Estas actividades son sin duda un requisito previo de la actividad artística —por ejemplo, porque hacen que el niño descubra diversos medios de comunicación—, pero no están conectadas con las artes en ningún sentido fundamental. Esto se debe a que, a mi entender, las artes se relacionan íntegra y exclusivamente con los sistemas de símbolos —con la manipulación y la comprensión de diversos sonidos, líneas, colores, formas, objetos, contornos y diseños-, todos los cuales tienen la capacidad potencial de aludir, ejemplificar o expresar algún aspecto del mundo. Dominar el mundo de los símbolos, el que en gran medida es elaborado por la cultura, constituye el principal desafío de los años que siguen a la primera infancia (pp. 223)*

Es posible apreciar en la frase de Gardner esta idea de la integración de elementos innatos y adquiridos en el desarrollo artístico, como posiblemente en todo ámbito del desarrollo humano.

El mismo autor propone, al igual que lo observado en las investigaciones que dieron origen al texto de Romo ya mencionado, que existirían similitudes en las etapas por las que atraviesan las personas en los diferentes lenguajes del arte. En efecto este sustento que otorga el desarrollo sensorio motriz al desarrollo artístico se aprecia en los cuatro lenguajes del arte.

Así, es posible establecer un cierto paralelo entre las cuatro ramas básicas del arte, y las formas como las personas evolucionan en cada una de ellas. Así mismo, la evolución artística de cada persona individual, puede ser comparada con la evolución artística del ser humano social. Parece entonces válido sostener, sobre la base de las investigaciones realizadas[33] que las personas atraviesan por tres grandes etapas en su evolución artística, a

---

[33] (1)  Seminario para optar al título de Educadora de Párvulos, IPES "Blas Cañas", 1986: *"Elaboración de Pautas de Observación del Desarrollo Año en Párvulos de 6 meses a 2 años"*, Profesora Guía: Verónica Romo

Reseña: En el estudio se estructuran pautas de observación del desarrollo artístico para niños de 6 meses a 2 años, basadas en diversas formas propuestas para estimular a niños de estas edades. Una vez aplicadas, se calculan índices de dificultad y discriminación de los ítems. La muestra era de 55 niños (promedio de 7 por cada uno de los 9 rangos de edad considerados).

(2) Seminario para optar al título de Educadora de Párvulos, IPES "Blas Cañas", 1988: *"Reestructuración de una Pauta para evaluar el desarrollo Artístico del Niño de 6 meses a 2 años"*, Profesora Guía: Verónica Romo

Reseña: Reestructuradas las pautas del estudio (1), se aplican a una muestra de 84 niños (promedio de 14 niños por rango de edad considerada). Se efectúan cálculos de contabilidad (aprox. 0,7), discriminación y dificultad de los ítems.

(3) Seminario para optar al título de Educadora de Párvulos, IPES "Blas Cañas", 1985: *"El Desarrollo Artístico del niño de 2 a 4 años: una descripción"*, Profesora Guía: Verónica Romo

Reseña: Se elaboran, en base a estudios extranjeros, pautas de observación del desarrollo artístico del niño y se aplican a una muestra de 83 niños (aproximadamente 17 niños en cada uno de los 4 rangos de edad considerados). Se efectuarán análisis de dificultad y discriminación de los ítems.

(4) Seminario para optar al título de Educadora de Párvulos, IPES "Blas Cañas", 1989: *"Elaboración de una pauta de evaluación del Desarrollo Artístico del niño de 2 a 4años"*, Profesora Guía: Verónica Romo L.

Reseña: Se reestructuran las pautas de estudio (7) y se aplican a una muestra de 125 niños (aproximadamente 28 para cada uno de los rangos de edad considerados). Se analiza la contabilidad de las pautas (aprox. 0,7) y los índices de dificultad y discriminación de los ítems.

(5) Seminario para optar al título de Educadora de Párvulos, IPES "Blas Cañas", 1985: *"El Desarrollo Artístico del párvulo de 4 a 6 años: una descripción "*, Profesora Guía: Verónica Romo L.

Reseña: Se elaboran pautas de observación en base a bibliografía y estudios en el país y en el extranjero. Se aplican a una muestra de 125 niños (aproximadamente 28 para cada uno de los cuatro rangos de edad considerados), Se efectuaron análisis de los índices de discriminación y dificultad da los ítems.

(6) Seminario para optar al título de Educadora de Párvulos, IPES "Blas Cañas", 1985: *"Elaboración de una pauta de evaluación del Desarrollo Artístico del niño de 4 a 6 años"*, Profesora Guía: Verónica Romo L.

Reseña: Reestructuradas las pautas del estudio (13), se aplican a una muestra de 299 niños (aproximadamente 71 niños en cada uno de los 4 rangos de edad considerados). Se efectúan análisis de discriminación y dificultad de los ítems y contabilidad de las pautas (todas, superior a 0,7).

(7) Seminario para optar al título de Profesora de Educación Diferencial, IPES Blas Cañas, 1986: *"Influencia en la estimulación artística en el niño retardado mental cultural"*, Profesora Guía: Verónica Romo L.

Reseña: Se aplican programas de estimulación artística, basados en el desarrollo artístico normal. Se obtienen resultados favorables tanto en éste como en otros aspectos del desarrollo.

(8) Seminario para optar al título de Profesora de Educación Diferencial, IPES Blas Cañas, 1991: *"Formas de estimulación de la creatividad empleadas en algunas escuelas diferenciales"*, Profesora guía: Verónica Romo L.

las que se puede llamar etapas sensual, afectiva e intelectual.  En el cuadro a continuación, se observa este paralelo, entre las cuatro ramas básicas del arte y las etapas correspondientes.

El esquema permite recordar ciertas ideas con más facilidad, como así también, las áreas (géneros, estilos), en donde buscar el material que permitirá estimular y/o evaluar el desarrollo artístico infantil.  Vale la pena resaltar la idea de la importancia de estimular tanto la apreciación como la creación infantil, entregando así al niño herramientas expresivas que, de otra forma puede que el niño nunca descubra.

A continuación, se presenta en detalle, el desarrollo artístico en cada rama del arte:

|  | Plástica | Literatura | Música | Movimiento |
|---|---|---|---|---|
| Sensual. (Prehistoria, Antigüedad) | Etapa Garabateo. (Longitudinal, circular.) Línea: primero recta luego curva; tinte y dirección, en creación; Aprecia formas, colores. | Etapa sonora (Interés por sonido: onomatopeya y curva tonal) Aprecia y luego crea | Etapa rítmica (Con estimulación adecuada, sigue el pulso, reconoce dinámica, timbre) Aprecia y luego crea | Etapa corporal. (Conciencia del Cuerpo, balanceo, marcha bípeda, etc.) Gesto es apreciado. |
| Expresiva. (Edad Media, Renacimiento.) | Etapa Pre-esquemática. (Ameba) Color (Tinte calidez) Aprecia línea. | Etapa Animista y mágica. (Rima, aliteración, personificación) Apreciación, luego creación cuentos y poemas) | Etapa Melódica. (Métrica, agógica, altura, ascenso y descenso). Afina 2 a 5 sonidos (sol mi la; sol mi la re do) | Etapa espacio vital. (Niveles, amplitud, velocidad, peso, desplazamientos, escasos, tensión-relajación.) |
| Intelectual. (En general, Género Docto.) | Etapa Esquema Espacio. (Composición estática y dinámica, Perspectiva. Aprecia y luego crea | Etapa Mágica y realista. (Sinestesia, personaje, anécdota, hipérbole, hipérbaton) Aprecia y luego crea | Etapa armónica y formal (Acorde Mayor y menor, formas simétricas: AB,ABA,ABACADA) | Etapa espacio total, desplazamientos, direcciones, plan de piso, velocidad, niveles, aprecia luego crea. |

Reseña: Se describen las acciones de 17 profesores diferenciales referentes a la forma de estimular la creatividad en sus educandos.  Se concluye que hay acciones más efectivas (estimulación de los sentidos, trabajo artístico, ambiente democrático y afectuoso) y que la creatividad puede incrementarse con los niños.

(9) Tesis para optar al grado de Magíster en Educación Infantil, Universidad Central de Chile, 2015, *Percepción de una comunidad educativa respecto de la expresión artística como vehículo de la expresión de las emociones en la primera infancia. Catherine Allendes. Prof. Guía: Verónica Romo L.*

Reseña: Se describen las percepciones de 6 educadoras, 14 técnicos en educación parvularia y se observan a los grupos de niños /as que ellas atienden describiéndose comportamientos de ellos /as en aproximadamente 8 casos por grupo (total 48 niños/as).

(10) Tesis para optar al grado de Magíster en Educación Infantil, Universidad Central de Chile, 2013 La incorporación de los lenguajes artísticos en las prácticas pedagógicas de un grupo de educadoras de párvulos de nivel transición de la quinta región. Mónica Villegas. Prof. Guía. Verónica Romo L.

Reseña: Se describen las opiniones de 6 educadoras de tres establecimientos diferentes, 18 miembros de las familias y se observa a aproximadamente 40 niños /as de los diferentes grupos. Se describen las prácticas que se llevan a cabo en torno al arte y los objetivos y relevancia asignadas a estas.

## En el nacer de la palabra (Antes de los 2 años)[34]

### 1. Apreciación Literaria:

En la segunda mitad del primer año, el niño reacciona diferente, generalmente con agrado, frente al empleo de un lenguaje con diminutivos y aumentativos y con curva tonal, que frente a un lenguaje sin estas sonoridades.

En los primeros meses, presta mayor atención cuando se le habla utilizando onomatopeyas.

También en los primeros meses los niños prestan mayor atención a pequeños poemas rimados que a una conversación común. Lo mismo ocurre al utilizarse aliteraciones.

En el segundo año de vida comienza a interesarse en pequeñas historias, reconociendo acciones de ella.

### 2.    Creación literaria:

Salvo la utilización de onomatopeyas y jerigonzas con intención comunicativa (generalmente en el segundo año), no se presenta en esta etapa una creación literaria propiamente tal.

### 3.    Apreciación musical

El niño reconoce timbres desde sus primeros meses de vida. Ubica sin problemas la dirección de los sonidos, ya a los tres meses.

Al cantarle llevando el pulso, el niño reacciona con agrado y en forma diferente a cuando se le canta sin pulso claro.

Reacciona diferente frente al sonido y al silencio musical, pero sin mostrar desagrado.

Al cantarle canciones con distintas duraciones, siempre llevando el pulso, el niño reacciona diferente.

Desde el momento en que nace, reacciona distinto a las variaciones de intensidad (dinámica).

---

[34] Resumen extraído del estudio publicado en la Universidad Católica Blas Cañas, hoy Cardenal Raúl Silva H.: Romo, E.V (1994) El desarrollo artístico en la infancia: su evolución e implicancias. Documento de estudio N°43, UCBC, Chile. Descargado de: http://biblioteca-digital.ucsh.cl/greenstone/collect/libros/index/assoc/HASH013b.dir/El%20desarrollo%20artistico.pdf

Ya en sus primeros meses, muestra reacciones diferentes frente a canciones binarias y ternarias.

Atiende con agrado frente a la percusión de motivos rítmicos, desde muy temprana edad.

La voz cantada parece preferirla a la voz hablada (motivo melódico).

Reacciona también diferente frente a las distintas velocidades de la música (agógica).

Las distintas alturas melódicas (o tonalidades), provocan también reacciones diferentes a muy temprana edad.

El ascenso y descenso melódico son percibidos hacia el final del primer año.

### 4. Creación musical:

Sólo algunos juegos verbales rítmicos pueden apreciarse a estas edades, como creación musical.

### 5.      Apreciación de expresión corporal:

Desde los 4 o 5 meses el niño reacciona diferente frente a gestos faciales distintos. Lo mismo ocurre frente a gestos corporales anchos y estrechos.

También hay diferentes reacciones frente a variaciones de niveles de movimiento. Las variaciones de la velocidad del movimiento son también percibidas diferentemente.

El peso diferente del movimiento sólo es percibido al final del segundo año.

### 6.      Creación de expresión corporal:

Los gestos y movimientos del niño tienen una intención utilitaria, no expresiva comunicativa o artística.  No es posible hablar aún de una creación de expresión corporal.

### 7.      Apreciación plástica:

En los primeros meses, el niño muestra reacciones diferentes frente a una lámina con formas regulares y otra con formas irregulares.

También hay reacciones diferentes frente a láminas de distinta luminosidad.

La cantidad de colores de un cuadro lo hace reaccionar de formas diferentes. Láminas de colores cálidos son preferidas, por lo general, por niños muy pequeños.

Los colores intensos parecen ser preferidos.

Muestra preferencia por láminas con claro centro de interés. Reacciona diferente a láminas de composición estática y dinámica.

Muestra preferencia por obra realista y reacciona diferente frente a obras en plano y volumétricas, prefiriendo por lo general, las obras volumétricas.

8.	Creación plástica:

El niño utiliza líneas rectas en su creación plástica, generalmente en dirección oblicua (garabateo longitudinal) y luego circular (garabateo circular), hacia el final del segundo año.

El garabateo motor que ocurre alrededor del año no tiene evidente significación artística.

Manipula y golpea la masa, no quedando clara una intensión expresiva en ello.

## En los inicios de la interacción (2 a 4 años)

1.	Apreciación literaria:

Repite con interés aumentativos y diminutivos. Repite también onomatopeyas y jerigonza expresiva.

Se interesa por obras rimadas, repitiendo las últimas sonoridades. Al escuchar poemas con aliteraciones, repite estas sonoridades. Reconoce los personajes principales de un cuento, al final de su tercer año de vida.

Al principio de su cuarto año de vida, puede reconocer una personificación. También en su cuarto año de vida, reconoce la anécdota de un cuento y sus acciones principales.

2.	Creación literaria:

- Puede crear onomatopeyas en su cuarto año de vida. Puede con ayuda, en este mismo año, completar una pequeña historia.

3.	Apreciación musical:

Nombra los objetos cuyos sonidos escucha, al menos dos, el inicio de su tercer año de vida, aumentando a tres en el cuarto año. Percibe y lleva el pulso, por breves momentos, de una obra binaria sencilla, en su tercer año de vida.

Percibe el silencio musical, moviéndose diferente frente a éste. Le es más fácil llevar el pulso frente a duraciones cortas y reconoce las largas.

A pedido, canta suave o fuerte (dinámica). Se mueve claramente diferente frente a métrica binaria (marcha) y ternaria (vals).

Repite un motivo rítmico, llevando a ratos el pulso. Reconoce melodías escuchadas, identificándolas con una lámina y entonándolas afinadamente (dos sonidos entre 2 y 3 altos).

Entre 3 y 4, reconoce melodías, cantando su texto afinadamente (tres sonidos: sol, mi, la). Se mueve diferente, llevando a ratos el pulso, frente a una canción rápida y luego lenta (agógica). También se mueve diferente, para indicar la altura melódica (tonalidad), diferente de una misma canción.

Luego de darle un modelo, sigue corporalmente un ascenso y un descenso melódico.

Grafica en forma diferente frente a obras de modos diferentes, hacia el final del cuarto año de vida.

4.  Creación musical:

Crea formas de imitar sonidos diversos (tres diferentes entre los, 2 y 3 años y 4 diferentes entre los 3 y 4 años). Si bien es cierto, algunos niños en su cuarto año de vida juegan con ritmos, no es clara la intención artística de estas manifestaciones, lo cual no significa que no deban estimularse.

5.  Apreciación de la expresión corporal:

Reconoce y nombra al menos dos gestos faciales. Imita movimientos amplios y estrechos.

Imita movimientos altos y bajos (niveles).

Imita movimientos rápidos y lentos. Imita movimientos pesados y livianos.

Imita movimientos relajados y continuos, así como movimientos tensos y discontinuos.

6. Creación de expresión corporal:

En su cuarto *año* de vida, el niño puede crear movimientos utilizando amplitud. También utiliza, al dársele imágenes sugerentes, los niveles del movimiento.

Con imágenes apropiadas, puede utilizar velocidades del movimiento en sus creaciones. También utilizará en sus creaciones, el peso del movimiento.

Es importante destacar que el *niño,* en su tercer año de vida sólo parcialmente el espacio total.

7. Apreciación plástica:

Escoge obras según el tinte de las líneas utilizadas, prefiriendo aquellas cuyo tinte es intenso.

Puede también escoger una obra entre dos que presentan distinta regularidad de la forma, prefiriendo, por lo general, las obras con formas irregulares (de la naturaleza) que aquellas con formas regulares (geométricas).

Escoge también una obra según su luminosidad, prefiriendo generalmente las obras con claras luces y sombras que aquellas más planas en su luminosidad u oscuridad. Al observar obras con distinta cantidad de color, percibe esta diferencia y escoge una prefiriendo las obras policromáticas que aquellas con menor cantidad de color.

Manifiesta apreciar la diferente calidez del color, escogiendo a menudo, obras de colores cálidos y no fríos. Reconoce la intensidad del color, y es frecuente que prefiera colores pasteles antes que intensos.

Reconoce el tipo de mancha o color, y tiende a preferir el color plano y puro, que el superpuesto.

Reconoce el centro de interés de una obra y parece preferir aquellas con un claro centro de interés, que aquellas con un centro de interés difuso.

Percibe las diferencias entre obras dinámicas y estáticas, existiendo en general, una preferencia por las obras dinámicas. Diferencia obras realistas y abstractas, prefiriendo por lo general, las realistas, pero se interesa también por las abstractas.

Ocurre lo mismo con las obras en volumen.

8.  Creación plástica:

Utiliza garabato longitudinal y circular y luego ameba, escogiendo al menos dos colores de entre una variedad ofrecida. Crea formas con la masa y le da nombre.

Antes de la educación básica

1.  Apreciación literaria.

Reconoce diminutivos (palabras chiquitas) y aumentativos (palabras grandes) en una historia.

Reconoce el sentimiento expresado con onomatopeyas o jerigonza.

Reconoce rimas. Reconoce y repite aliteraciones. Nombra al menos dos personajes de una historia. Reconoce personificaciones y comparaciones, metáforas simples y las acciones principales de una historia (anécdota). Reconoce una sinestesia, despúes de los 5 años, y repeticiones en un poema, así como una hipérbaton sencillo e hipérboles sencillas.

2.    **Creación literaria:**

Puede transformar una palabra en diminutivo y aumentativo. Puede "conversar" expresivamente usando jerigonza.

Encuentra palabras que riman con otras. A petición, crea una historia con personificación.

Después de los 5 años, puede crear aliteraciones simples (palabras que empiecen sonando igual). A petición, después de los 5 años, utiliza una sensación para describir otra diferente y crea repeticiones.

A petición, después de los 4 años, crea una comparación. También crea metáforas sencillas. Crea un cuento con claro principio y final y en el que se distinguen personajes.

3.    **Apreciación musical:**

Reconoce a cuatro o más objetos por sonido. Lleva preferentemente el pulso binario, con su cuerpo o con instrumentos. Percute el pulso durante el silencio musical.

Lleva el pulso (y lo grafica después de los 5 años), sin dificultad al cantar canciones con duraciones cortas y largas. Comprende la expresividad que está implícita en las variaciones de dinámica. Expresa corporalmente (y después de los 5 años, gráficamente) las diferencias de métrica binaria y ternaria. De los 4 años en adelante, lleva el pulso frente a la percusión de motivos rítmicos.

Después de los 5 años puede responder con el ritmo que se le ha propuesto. Reconoce motivos melódicos de al menos tres canciones y afina hasta cuatro sonidos a los 4 años. A los 5 años, reconoce estos motivos y afina más de cinco sonidos.

A los 4 años, reconoce variaciones de agógica de una canción. A los 5 años, reconoce variaciones de agógica y lleva el pulso de música docta.

A los 4 años, algo después, grafica la altura melódica de una canción que es cantada en dos tonalidades diferentes.

Después de los 5 años, grafica la altura melódica diferente en un trozo de música docta Después de los 4 años, grafica un ascenso y descenso melódico de una canción. Después de los 5 años, grafica ascensos y descensos interpretados sólo instrumentalmente (flauta o metalófono).

A los 4 años, grafica diferente el modo mayor y menor de dos canciones acompañados en guitarra.

A los 5 años, además expresa corporalmente estas diferencias. Reconoce diferencias de las partes de una música, y las expresa corporalmente a los 4 años y verbalmente a los cinco.

### 4. Creación musical:

Crea más de seis sonidos para diferentes objetos. Crea canciones con diferentes duraciones, agógica y dinámica, al dársele el tema.

Crea la continuación de un motivo rítmico (respuesta), respetando pulso y métrica binaria y ternaria. Crea una respuesta para un sonido melódico, respetando los sonidos utilizados. Crea pequeñas canciones con distintas alturas melódicas, dando un tema. Después de los 5 años puede crear una canción con ascenso y descenso melódico, dado un tema.

### 5. Apreciación de expresión corporal:

Reconoce y nombra gestos para al menos cuatro sentimientos diferentes.

El niño reconoce distintas amplitudes del movimiento, efectuados según la dinámica de la música. Reconoce la expresión corporal de niveles de movimientos, dado un tema. Reconoce también la expresión corporal que varía la velocidad del movimiento.

También reconoce la expresión corporal con diferente peso del movimiento, dado un modelo. Imita movimientos relajados y continuos y otros tensos y discontinuos.

Reconoce personajes y sentimientos en una pantomima, después de los 4 años y a los 5 años, recuerda también los movimientos efectuados.

### 6. Creación expresión corporal:

Crea un cuento simple y lo expresa con al menos dos gestos faciales diferentes. Crea movimiento utilizando diferentes amplitudes del movimiento, dado un tema.

Expresa corporalmente diferentes niveles del movimiento, dado un tema. Crea movimientos, expresando diferentes velocidades con su cuerpo, dado un tema.

Crea movimientos con diferente peso, frente a un tema dado. Dado un tema, también crea movimientos con diferente grado de relajación.

### 7. Aplicación plástica:

A los 4 años reconoce las diferencias en el límite de la línea de dos obras. Después de los 5 años, relaciona fuerza con el tinte y grosor de la línea.

Después de los 4, reconoce diferencias en la continuidad de la línea en dos obras. Reconoce distintas regularidades de las formas. Reconoce la utilización de luces y sombras.

Reconoce las diferencias de dos obras en cuanto a la cantidad de color empleada. Reconoce diferencias en la calidad del color empleado en dos obras.

También puede reconocer la intensidad del color de dos obras. Reconoce el tipo de color de dos obras. Diferencia dos obras con centro de interés claro una y difuso la otra. Diferencia dos obras según su ritmo de composición (estática y dinámica).

Diferencia el grado de realismo de dos obras, en plano y volumen. Después de los 5 años, relaciona distancia y lejanía con tamaño (perspectiva).

8. Creación plástica:
Después de los 5 años, con algo de ayuda, podrá utilizar diferente tinte y grosor de la línea para expresar diferentes sensaciones o sentimientos.

También con algo de ayuda, utilizará diferente finte y continuidad de la línea. Después de los 4 años podrá, con ayuda, dibujar utilizando en su creación, formas regulares e irregulares. También podrá insinuar luz y sombra. Utiliza, también después de los 4 años, pre-esquemas, y con algo de ayuda, distintas cantidades de color.

También con algo de ayuda, utiliza distinta calidez de color. De igual forma, a esta misma edad, emplea intensidades de colores diferentes.

Después de los 5 años, utiliza al menos dos distintos tipos de color. Después de los 4 años, puede dibujar dado un tema, destacando un centro de interés, o varios.

A la misma edad, dado un tema, crea obras estáticas y dinámicas. Después de los 5 años, con ayuda, puede dibujar en forma realista y semi abstracta. A la misma edad, con ayuda, utiliza perspectiva. A los 4 años dará forma a la masa (pre-esquema).

## En los primeros años escolares

1.    Apreciación literaria:
-Dado un ejemplo, reconoce diminutivos y aumentativos en un poema y es capaz de apreciar el significado expresivo de las palabras inventadas.

Sin ejemplificar, puede decir las rimas de un poema. De la misma forma, reconoce las aliteraciones y aprecia el significado expresivo de una sinestesia. Reconoce protagonista y antagonista de un cuento, así como las personificaciones. También reconoce las repeticiones de un poema y percibe el hipérbaton en un verso. Aprecia y expresa el significado expresivo de una comparación y aprecia y comprende el significado de una metáfora sencilla. Apre**cia y expresa el significado de una hipérbole y reconoce y repite el inicio, el clímax y el final de un cuento, así como sus acciones principales**.

2.    Creación literaria:

Sin dificultad, luego de un ejemplo, crea un pequeño poema o historia utilizando diminutivos o aumentativos. Con algún ejemplo, crea sus propias palabras.

Puede crear dos versos que riman y versos con aliteraciones y con una sinestesia.

Crea historias con personificaciones y repeticiones para enfatizar una idea, dado un tema A pedido y dado un tema, crea un hipérbaton, comparaciones, metáforas sencillas, una hipérbole. Y puede crear un cuento, con algo de ayuda.

3.    Apreciación musical:

Reconoce al menos seis objetos por su sonido. Lleva el pulso de música binaria, de cualquier género y percute el pulso de silencios musicales, si se le hace notar. Sigue el pulso sin dificultad frente a duraciones largas o cortas y grafica el pulso de diferente manera frente a diferentes intensidades, al invitarlo a ello luego de algunos ejemplos.

Reconoce la métrica binaria y ternaria y las reconoce al preguntarle, siguiendo pulso y métrica sin dificultad.

Reconoce al menos cuatro canciones por su melodía y las canta afinando más de seis sonidos.

Sigue el pulso variando la velocidad, de música binaria de cualquier género (agógica). Puede graficar la altura melódica (o tonalidad diferente) de música de cualquier género Grafica ascensos y descensos melódicos, interpretados instrumentalmente. Expresa verbal, corporal y gráficamente, la diferencia de modo (mayor y menor) de dos canciones acompañadas con acordes (guitarra). Y puede reconocer las partes de una obra musical.

4.    Creación musical:

Crea sonidos expresivos para una historia y es capaz de crear una pequeña canción, dado un tema y un ejemplo, con distintas duraciones de sonido. Crea frases rítmicas binarias y ternarias y es capaz de crear motivos melódicos variando agógica y dinámica según la expresión pedida.

Crea una canción, dado un tema, con distintas alturas melódicas y eventualmente con ascenso y descenso melódico dado un tema adecuado (subimos y bajamos el cerro).

5.      Apreciación de expresión corporal:

-Aprecia y comprende al menos cinco gestos diferentes. Así también, aprecia y expresa corporalmente, usando amplitud del movimiento, distintas intensidades.

Aprecia y expresa corporalmente, usando niveles del movimiento, distintas alturas del sonido, distintas velocidades del movimiento, según la velocidad de la música.

Aprecia y expresa corporalmente distintos pesos del movimiento, el grado de relajación y continuidad del movimiento, asociado a métricas diferentes.

Aprecia los personajes, interacciones, sensaciones, sentimientos y desplazamientos en una coreografía (18).

6.      Creación expresión corporal:

Crea, una historia y la narra con al menos tres gestos diferentes, usando amplitudes diferentes, y diferentes niveles, así como en ocasiones diferentes velocidades. También varía el peso del movimiento, según la historia.

Crea movimientos, dado un tema, con diferentes grados de relajación y continuidad del mismo.

7.      Apreciación plástica:

Aprecia y comprende la intensión expresiva de dos obras con líneas de distinto tinte y grosor. También, de dos obras con líneas de distinto tinte y con continuidad de la línea.

Escoge entre dos obras de distinta regularidad de la forma dando razones que se refieren a esta regularización o abstracción.

Escoge entre dos obras con distinta luminosidad o contraste y diferencia dos obras por su cantidad de color. También diferencia obras por la calidez del color empleado. El tinte del color también es claramente diferenciado.

Diferencian el tipo de color (mezcla sugerida, como puntillismo o mancha pura).

Reconoce uno o más diferentes centros de interés de obras plásticas.

Reconoce las diferencias en el ritmo de dos composiciones (estática y dinámica).

Aprecia el diferente grado de realismo de dos obras.

Aprecia y comprende la perspectiva empleada en una obra plástica en plano.

Aprecia el grado de realismo de una obra en volumen.

8.      Creación plástica:

Dado un tema y un ejemplo, dibuja empleando esquemas y diferente tinte y grosor de la línea. También, con ejemplo apropiado, emplea diferente tinte y continuidad de la línea.

Crea obras con formas regulares e irregulares, empleando luces y sombras, dado un tema y utilizando esquemas y distintas cantidades de color.

Dado un tema y un ejemplo, crea obras con diferente calidez de color y tinte del color. Utiliza diferentes tipos de color (mezcla sugerida, como puntillismo o mancha pura), después de un ejemplo.

Crea obras con uno o más centros de interés, dados los temas y luego de haber observado ejemplos. Crea obras en plano, con distintos grados de realismo, así como con perspectiva. Crea obras en volumen, bastante realistas.

# Capítulo III: algunas estrategias de educación por el arte

## Desde una obra específica

La educación artística puede buscar la educación estética y el manejo expresivo creativo de los diversos lenguajes artísticos. En tal caso, estaríamos hablando de la educación por el arte. Pero si la educación artística y los procesos y productos del arte son empleados para contribuir al desarrollo integral de las personas, para permitirles alcanzar un mejor desarrollo personal, una mejor y más global comprensión del mundo y las restantes ramas del saber humano, estaríamos hablando de la educación a través del arte.

En este último caso, es de fundamental importancia que el educador/a respete plenamente los procesos y productos del arte, cuidando los aspectos formales y semánticos, con el objeto de garantizar a los educandos un óptimo desarrollo. Sólo así será posible lograr un verdadero desarrollo integral, en el que es parte fundamental el desarrollo estético y lúdico de las personas y su aporte fundamental al comportamiento ético.

Las sugerencias que se proponen a continuación buscan satisfacer estas condiciones.

En primer término, se propondrá una secuencia posible de seguir cuando el punto de partida es una obra de arte, de cualquier género y estilo. En tal caso la secuencia que se propone es la siguiente:

| Objetivos que se busca lograr | Posibles actividades a desarrollar |
| --- | --- |
| Fomentar la conciencia y expresión sana de sensaciones y emociones.<br><br>Expresar sensaciones y emociones que provoca la obra. | Observar. Imaginar sensaciones diversas. Pintar las emociones que provoca. Compararla con otras obras de la misma rama del arte, y decir o escribir las diferencias de sensaciones y emociones que provocan. Expresarlas en una estatua colectiva o en un teatro de sombras corporales. |
| Fomentar la utilización de habilidades cognitivas de cuestionar e hipotetizar<br><br>Conocer y preguntarse sobre la historia previa y efectual de la obra y su autor/a. | Leer o escuchar, u observar fotos o videos sobre el autor, época o lugar en que la obra fue creada.<br><br>Indagar en la vida del autor y generar hipótesis de porqué elaboró la obra observada o escuchada. Indagar en la época o lugar y elaborar hipótesis.<br><br>Observar, leer o escuchar sobre los discípulos del autor u obra. |
| Sensibilizar a niños y niñas frente al uso expresivo sano de elementos de los lenguajes artísticos.<br><br>Conocer el uso del lenguaje artístico. | Observar y compara la obra con otras de la misma rama del arte. Diferenciar uso de algunos elementos del lenguaje artístico particular. Relacionar con sensaciones y emociones producidas, respetando las expresiones de otros /as y valorando esa diversidad como fuente de riqueza. |
| Crear expresivamente mensajes, según sus vivencias, empleando elementos específicos de los lenguajes artísticos. | Crear historias tristes y alegres. Utilizar figuras literarias diversas. Crear pinturas diferenciando la expresividad por el color y el ritmo composicional, por ejemplo. Crear orquestaciones a canciones conocidas o creadas diferenciando la expresividad por la intensidad, velocidad y timbres de la orquesta, por ejemplo. Crear secuencias de movimientos, para música seleccionada según el carácter expresivo de la obra, diferenciando por amplitud y peso del movimiento, por ejemplo. |

Un ejemplo concreto puede ser partir del Adagio de Albinoni, por ejemplo. Es evidente que su carácter expresivo es dramático, melancólico, con todas las variaciones personales que deseemos agregar.

En la primera etapa, luego de una relajación se les invita a escuchar en silencio para luego expresar las sensaciones (térmicas, tactiles, gustativas, olfativas, visuales) y emociones que les haya provocado. Luego, se les invita a pintar, ofreciendo variedad de colores, lo que ellos y ellas imaginaron con la obra. Se coloca nuevamente la música.

En la segunda etapa se les invita a buscar en enciclopedias de música o en Internet sobre el autor. En una línea de tiempo lo asociamos con hechos relevantes previos, paralelos y posteriores a la vida del autor. Se escriben o comentan ideas sobre las causas de que Albinoni haya escrito música como esa.

En la tercera etapa, se analiza la intensidad, velocidad y timbres que se escuchan en la obra. Se compara con una obra de L. Mozart ("Sinfonía de los juguetes"). Se relaciona el uso de la intensidad, velocidad y timbres según la expresividad de la obra. Se les invita a escribir y representar cuentos para una y otra obra.

En la cuarta etapa, se les invita a seleccionar canciones de dos expresividades diferentes, cambiarles el texto y orquestarlas para enfatizar la diferencia de expresión.

## Desde un concepto general

En este caso, se propone una secuencia que se inicia desde un concepto o idea abstracta o semi abstracta, tal como energía, simetría, solidaridad, etc.

En tal caso se sugiere la siguiente secuencia:

| Objetivo a lograr | Actividades sugeridas |
| --- | --- |
| Vivenciar en un nivel lo más concreto posible concepto. Expresar las sensaciones que les provoca | Tocar, observar efectos, imaginar sabor, color, peso, etc de las manifestaciones del concepto. |
| Expresar las emociones que les provoca la observación del concepto incorporado en obras de arte diversas. | Observar obras de las diversas ramas del arte y de diversos géneros y estilos, y expresar las emociones que les provoca, reconociendo la presencia del concepto a trabajar. |
| Crear obras de diversas ramas del arte o de arte integrado en las que se evidencie el concepto. | Crear colectivamente obras plásticas (murales) u orquestar obras musicales, crear canciones, poemas y recitarlos, crear obras de teatro y representarlas con mimos, etc. En forma tal que se evidencie el concepto trabajado. |

Un ejemplo concreto de esta posibilidad es la siguiente:

*Para el educador/a: ¿Qué es la simetría?*

La simetría es la característica de igualdad entre las partes de un objeto, o en un conjunto, que no cambia al cambiar de posición. Así mismo, es entendida como armonía en una obra plástica. Se refiere específicamente a la igualdad entre las partes de una obra, a ambos lados de una línea imaginaria que divide la obra en dos.

El fenómeno de la simetría puede ser considerado un fenómeno de la óptica, y es fácilmente apreciable en juegos con espejos dispuestos en ángulo. Al ubicar objetos entre los dos espejos se puede observar que el reflejo en ambos es simétrico.

Con los niños y las niñas intentaremos despertar su sensibilidad frente a objetos y obras simétricas y asimétricas, despertando su curiosidad frente a objetos curiosos como son los espejos y que lentamente los introducen en el mundo de la óptica y la ciencia.

En el ámbito del arte podemos lograr que niños y niñas:

- Comuniquen verbal y gestualmente sus impresiones frente a diversos juegos con espejos.
- Enriquezcan su mundo artístico, identificando la simetría y asimetría en bailes, canciones, obras plásticas y pequeños poemas, y reconociendo la diferencia expresiva entre las obras simétricas y las asimétricas.
- Aprecien integralmente obras de arte, en las que se aprecia simetría en unas y asimetría en otras.
- Incrementen su autoestima y empatía, mediante la valoración de las obras de cada uno y de culturas diversas.
- Exploren diferentes materiales, físico visuales, auditivos (elementos que producen sonidos), que facilitan la expresión corporal (pañuelos, cintas, bolsas, etc.), clasificándolos y creando con ellos situaciones simétricas y asimétricas.

- Expresen sensaciones, emociones e ideas a través de diferentes lenguajes artísticos.

En el ámbito de la ciencia, en el que la simetría también puede ser encontrada, podemos lograr que los niños y las niñas:

- Identifiquen características de imágenes en espejos.
- Utilicen formas de medir con diferentes objetos, para comparar la igualdad o desigualdad de ellos.
- Clasifiquen objetos según la simetría o asimetría de los mismos.
- Registren lo observado.
- Predigan el tipo de reflejo (simétrico o asimétrico) que se producirá en espejos.

*Sugerencia de una secuencia de actividades:*

*Primera actividad: exploración de materiales*

La educadora dispone en la sala de actividades una serie de objetos en los que sea posible apreciar la simetría: anteojos, tijeras, frutas partidas por la mitad, maracas (2), claves (2), cintas de largos iguales, bolsas rellenas apareadas por tamaño y peso, espejos dispuestos de a uno y de a dos en ángulo, etc., etc.

Se invita entonces a los niños y niñas a explorar estos objetos y a describirlos. La educadora mediará entre sus alumnos y alumnas y los objetos, para que descubran la simetría, mediante preguntas como: ¿Cuántos vidrios tiene este anteojo? ¿Son iguales? ¿En cuántas partes está partida la fruta? ¿Cómo se ve esta parte comparada con esta? ¿Y si pones este dibujo entre estos dos espejos? ¿Qué ves en cada espejo? Se les guía a medir con diferentes unidades de medida, los objetos para ver si son iguales. Luego, ellos y ellas registran lo observado, en su cuaderno de "Tesoros del conocimiento" (u otro nombre apropiado para este texto de registros personales).

*Segunda actividad: expresión plástica*

El educador/a pide entonces a los niños y niñas que busquen en la sala, en sus cuerpos, en el patio, objetos que sean simétricos (flores, mariposas, sus ojos, piernas, pies, dos sillas, etc.). Nuevamente, pueden medir y comparar.

Se ofrece a los niños y niñas, lápices de colores, pinceles u témperas, lápices de cera o cualquier otra variedad de técnicas plásticas, y se les pide que dibujen las cosas simétricas que vieron y que más les gustaron.

*Tercera actividad: apreciación plástica*

En otro día, se pide a los niños y niñas que nos sentemos en el suelo en semicírculo, para observar obras de arte simétricas y otras no simétricas:

Imágen 1.-

Imágen 2.-

Imágen 3-.

Imágen 4.-

Imágen 5.-

Imágen 6.-

*Cuarta actividad: sinestesia o mezcla imaginaria de sensaciones.*

Es posible encontrar otras obras, de diversos autores, en las que se aprecie simetría (como es el caso aquí de las imágenes Nº 1, 3, 5, 6.) y otras asimétricas (como las imágenes Nº 2 y 4) Frente a estas obras, los niños y niñas son invitados a expresar las sensaciones, emociones e ideas que les producen, ¿Te parece que esta obra es triste o alegre? ¿Crees que es dulce o salada? ¿Te parece áspera o suave? ¿Qué te hace recordar?

Se guía entonces a los niños y niñas a descubrir cuáles obras se mantienen igual si coloco un espejo justo al centro. Se intenta con ellos y ellas predecir lo que va a ocurrir con los diferentes objetos y espejos.

*Quinta actividad: expresión corporal*

El educador/a entonces pide a los niños y niñas que se pongan en parejas y creen movimientos simétricos entre ambos, como si uno fuera el espejo del otro. Esta creación puede ser luego de a cuatro y con algún implemento (cintas, pañuelos, aros). Se mediará para que expresen en su obra alguna emoción o sensación: ¿Cómo va a ser la obra de Uds.? ¿Triste o alegre? Y se mediará en forma permanente la valoración de la diversidad expresiva que se presente

Los niños y niñas son entonces invitados a trabajar con la simetría sonora en su baile, agregando elementos que ellos y ellas escogerán y que les permitirá producir sonidos iguales a ambos grupos en escena, siguiendo con la idea del espejo.

*Sexta actividad: expresión musical*

Se pueden incorporar juegos de ecos rítmicos y melódicos, entre la educadora y los niños y niñas, o entre dos grupos de ellos.

Se finaliza esta parte de las actividades cantando canciones que empiezan y terminan igual:

> Brilla brilla estrellita
> brilla brilla como el sol
> Allá arriba en la montaña
> Como un astro redentor
> Brilla brilla estrellita
> brilla brilla como el sol

*Séptima actividad: expresión de emociones a través de la música*

Las canciones pueden ser cantadas con diferentes emociones: como si estuviéramos tristes: lento y suave. Como si estuviéramos alegres: fuerte y rápido, tal vez más agudo. Podemos marchar o balancearnos con la canción, según su métrica (La canción del ejemplo es binaria, como una marcha; esto nos permite marchar el pulso mientras cantamos; esta marcha puede ser triste, alegre, asustada, ácida, con frío o calor)

*Octava actividad: apreciación literaria*

Como última actividad sugerida, que puede realizarse en otro día, se invita a los niños y niñas a escuchar un poema:

> Margarita,
> está linda la mar
> y el viento trae
> esencia sutil de azahar
> tu aliento
> Margarita,
> te voy a contar un cuento
>
> Este era un rey que tenía
> un palacio de diamantes
> un rebaño de elefantes

y un gran manto de tisú

Y una gentil princesita

tan bonita Margarita

tan bonita como tú.


...........*(continuar la narración, tal vez reducida del poema)*

Margarita está linda la mar

y el viento trae

esencia sutil de azahar

tu aliento

Margarita

te voy a contar un cuento.

*Finalización:*

Y se les puede entonces invitar a hacer un cuadro simétrico que represente a Margarita. Luego lo pegan en un cartón delgado y lo cortamos también simétricamente, elaborando así un puzle que podemos intercambiar con los otros amigos y amigas del curso.

## A partir de un elemento concreto

En este caso el objeto a considerar puede ser tan simple como una naranja o tan complejo como la geografía de la zona norte del país o la conformación del aparato digestivo de los chimpancés comparado con el de los seres humanos.

La secuencia que se propone en este caso es la siguiente:

| Objetivos a lograr | Actividades sugeridas |
|---|---|
| Vivenciar sensaciones diversas en torno al tema | Tener encuentros reales o lo más próximo a la realidad posible con el tema en cuestión. Percibirlo con todos los sentidos posibles incorporando incluso elementos que amplifiquen los sentidos, como cornetines auditivos, lupas, etc. |
| Expresar emociones que les provocan las obras de arte que expresan algún aspecto del tema tratado. | Observar (escuchar) obras de arte de diversas ramas, géneros y estilos, en las que se aprecie algún aspecto del tema tratado. Describir emociones que les provocan las obras. Relacionar emociones descritas con algún aspecto del lenguaje artístico empleado, comparando la obra con otras de la misma rama del arte pero con características expresivas diferentes. |
| Apreciar aspectos diversos del tema u objeto trabajado. | Dibujar diversos aspectos del tema trabajado luego de investigar sobre él histórica, geográfica, antropológica o biológicamente. |
| Crear y expresar ideas, emociones y sensaciones que les provocan sus vivencias en relación al tema, en diversas obras de arte integrado. | En grupos, crear obras de arte integrado (teatro, mimos, títeres, etc.), en las que expresen sus ideas (aprendizajes), emociones y sensaciones respecto al tema u objeto abordado. |

Un ejemplo concreto se presenta a continuación:

*¿Qué sabemos sobre los gatos, gatitos y gatotes?* (Información)

Los gatos pertenecen al grupo de los felinos dentro de los cuales también se incluye a otros como leones, tigres, panteras, etc), todos ellos caracterizados por un pelaje suave y una gran agilidad y flexibilidad debido a que en su estructura predominan los cartílagos. Son mamíferos, poseen uñas retráctiles, o sea que las pueden esconder.

Dentro de los gatos, que son los hermanos menores de los felinos y los únicos que se han domesticado, se presentan razas tales como persas, angoras y romanos.

La domesticación de los gatos viene desde antiguo y es así como ya en la Cultura Egipcia, los gatos eran considerados animales sagrados. Luego en la Edad Media fueron asociados a las brujas y considerados demoníacos. Durante los siglos XVII y XVIII, los gatos transitaban por los salones de las familias elegantes. En nuestros días estos animalitos forman parte de las familias de los más diversos entornos sociales y culturales.

## Qué podemos lograr: (Propósitos)

En el ámbito del arte podemos lograr que los niños y las niñas:

- Comuniquen sus impresiones, sensaciones e ideas frente a diversas representaciones de éstos animales
- Reconozcan en los felinos un ser vivo que sufre, se alegra y que debe ser respetado.
- Enriquezcan su conocimiento de los lenguajes del arte expresando a través de ellos las sensaciones y emociones que les producen los gatos, gatitos y gatotes.
- Incrementen sus actitudes empáticas observando gatos en distintas culturas.

En el ámbito de las Ciencias Sociales, podemos acercar a los niños y niñas a:

- La comprensión del transcurso del tiempo
- La valoración de la diversidad cultural y natural
- El rol importante que cumplen estos animalitos y las formas de cuidarlos

*Algunas actividades posibles en torno al tema:*

*Juguemos con los gatitos*

*La educadora procurará llevar a la sala un gatito vivo al cual los niños acariciarán sintiendo la suavidad de su pelaje; le darán a beber leche en sus manitos para sentir la aspereza de su lengua, observarán sus dientes y en lo posible lo retráctil de sus uñas. Observarán también sus bigotes y cejas largas. Luego de despedirse del gatito, los niños jugarán a imitar sus movimientos (estirarse, arquear el lomo, lavarse la cara con las manitos) mientras escuchan "Preludio a la siesta de un Fauno" de Claude Debussy.*

*Los gatitos artísticos*

*La educadora se preocupará por acercar a los niños diferentes representaciones de estos animales: pinturas egipcias, dibujos de Rembrandt, fotografías artísticas, gatos en porcelana o cerámica, algún video, etc. Los niños y niñas observarán estos diferentes tipos de representaciones y expresarán las diferentes sensaciones, emociones que las distintas obras les provocan. Luego serán invitados a representar estos animalitos en diferentes formas (pintar, dibujar, modelar, etc.).*

*En otro momento, los niños serán invitados a escuchar un cuento sobre gatitos (El gato con botas, El gato que iba solo) Luego de comentarlo con los niños y niñas, puede proponérseles fabricar títeres que permitan incorporar las creaciones plásticas realizadas por los niños a fin de representar el cuento escuchado.*

*Finalmente, en otro momento, los niños y niñas aprenderán una canción sobre gatos por ejemplo "La gatita Carlota" o "El gato gatito," las que podrán ser orquestadas utilizando instrumentos de madera para el pulso y los de metal para el acento*

*Los gatitos en el tiempo*

*La educadora se disfrazará de egipcia y se presentará ante los niños contándoles "que ella vivió hace mucho, muchísimo tiempo" y que vivió en Egipto "un país que queda muy, muy lejos". Podrá mostrarle imágenes de las pirámides y contarle a los niños y niñas que esas construcciones las hicieron en ese lejano tiempo en el que ella vivía.*

*Durante la conversación ella les contará a los niños que el animal que ellos más querían eran los gatos con los que vivían en casas de ramas y piedras cerca del río Nilo.*

*La educadora mientras se quita el disfraz delante de los niños y niñas podrá ir haciendo algunas referencias acerca de las características de la vestimenta.*

*En otro momento, y recordando a los egipcios que tanto querían a los gatos, la educadora invitará a los niños/a a conversar sobre los gatos que viven en sus casas o en su vecindario, para luego invitarlos a dibujar o pintar sus casas y sus gatitos. Estos dibujos los ubicarán al centro de una línea de tiempo que podrá dibujarse en el piso o en la pared. A la izquierda de estos dibujos ubicarán representaciones de pirámides con gatitos en ellas. Finalmente, la educadora invitará a imaginar y dibujar las casas en las que los niños y niñas vivirán con sus gatitos cuando ellos y ellas sean "grandes". Estos dibujos los ubicarán a la derecha de las casas actuales.*

*Objetivos posibles de lograr*

1. Afianzar el entusiasmo natural de niñas y niños por las producciones naturales y culturales que celebran la vida.

   *Los niños y las niñas en los primeros años de vida, son aun naturalmente entusiastas, puesto que están enfrentando un mundo enteramente nuevo para ellos y ellas, y puesto que, en una gran mayoría de los casos, los bloqueos que impone nuestra cultura, aún no se han asentado con fuerza. El mundo es tan diverso y cambiante, que es posible vivir en permanente entusiasmo, si somos capaces de conservar alerta nuestros sentidos, si somos capaces de resistir los bloqueos que se nos imponen. Estas habilidades de utilización de nuestros sentidos, de observación y comunicación de nuestras experiencias, como ya se ha planteado, serán también de gran relevancia para la aproximación del niño/a al mundo de la ciencia. Su sensibilidad estética puede ser desarrollada y afianzada en tanto les ofrezcamos posibilidades de mantener el contacto con la naturaleza y las obras culturales y artísticas de verdadera calidad estética. Esta calidad puede ser confirmada al analizar la permanencia de la obra en el tiempo, o sus posibilidades de identificar a los integrantes de una cultura.*

2. - Afianzar la producción (expresión artística creativa y apreciación artística expresiva), de ideas, sensaciones, emociones y vivencias, a través de diversas formas de expresión artística.

   *El desarrollo general de niños y niñas nos deja en evidencia sus necesidades de experiencias concretas, de actividad lúdica, de aprendizaje significativo, que ofrezcan desafíos pero que no sean de un grado de dificultad que no puedan vencer. En consecuencia, y teniendo presentes las ideas básicas del Subsector de Educación Artística), se podrá buscar la sensibilización de niños y niñas a los lenguajes artísticos y sus elementos básicos, para enriquecer su apreciación y expresión creativa*

**Lo que deseamos que niños y niñas logren y cómo podríamos lograrlo a través del arte:**

| | |
|---|---|
| Que comuniquen sus impresiones sus sensaciones, emociones e ideas acerca de situaciones de la vida humana, de la naturaleza y de la cultura, que ellas y ellos enfrentan. | þ Ofreciendo objetos diversos para la observación y facilitando la expresión verbal y/o gestual de:<br><br>* sensaciones (táctiles, de peso, frío/calor, olfativas, gustativas, visuales y auditivas)<br><br>* emociones (alegría, tristeza, susto, rabia, sorpresa, placer, deseo, ansiedad, angustia, envidia, etc.) frente a los objetos ofrecidos y luego frente a obras de la naturaleza y culturales<br><br>þ Motivando la expresión plástica (con líneas muy gruesas, con muchos o pocos colores, pegando elementos de diferentes texturas en el dibujo) de sensaciones y emociones provocadas por vivencias personales, obras de la naturaleza y culturales.<br><br>þ Guiando la expresión musical (cantar melodías: fuerte/suave, rápido/lento, agudo/grave) de sensaciones y emociones diversas. |
| Que enriquezcan sus conocimientos de los diferentes lenguajes del arte, para familiarizarse con la integración de ellos en otras esferas del saber humano:<br><br>□□□música y el cálculo,<br><br>□□□de la plástica y el movimiento expresivo y las ciencias naturales<br><br>□□□La literatura y las ciencias sociales.<br><br>(entre otras posibilidades) | þ Observando obras plásticas con diferentes tipos de colores (unas con colores suaves o pasteles, junto a otra de colores fuertes o intensos; o bien, una obra con colores verdes, azules y lilas (colores fríos) junto a otra de colores rojos, amarillos y naranjas (colores cálidos) y comunicación de sensaciones y sentimientos que les provocan unas y otras obras.<br><br>Expresando momentos tristes/tranquilos o alegres/inquietos, utilizando diferentes tipos de color para una y otra obra. (¿Cuáles colores utilizarías para contar que tienes mucho sueño? ¿Y para cuando estás con ganas de correr?)<br><br>þ Escuchando obras musicales con velocidades e intensidades diferentes (*por ejemplo, que escuchen a la educadora o educador tararear una melodía cualquiera fuerte y rápido y luego esta misma, lento y suave*), comentando alturas y timbres diferentes y expresión de las sensaciones y emociones que éstas les provocan.<br><br>þ Observando diferentes formas de expresión corporal (ballet, danzas folklóricas, mimos, etc.) y comunicando las sensaciones, emociones, e ideas que éstas les provocan.<br><br>þ Escuchando cuentos, historias, leyendas, fábulas, poemas, que describan situaciones diferentes y expresando las sensaciones, emociones e ideas que los personajes, las situaciones diversas de éstas les provocan. |
| | þ Observando bailes folclóricos del norte, centro y sur del país; expresando las sensaciones y emociones que les provocan la música, el baile y la vestimenta de las diferentes danzas. Comparando la velocidad de la música, de los diferentes movimientos y del colorido de las vestimentas.<br><br>þ Observando escenas de bailes y escenas de diversas décadas populares (por ejemplo: un baile de los años veinte, y otro de los sesenta). Comparando las velocidades, las vestimentas, los movimientos, etc.)<br><br>þ Observando obras plásticas y musicales de estilos doctos diferentes (por ejemplo: un cuadro de Miguel Ángel, mientras escuchamos música renacentista; luego observamos un cuadro de Van Gogh y escuchamos |

| | música de Ravel). Expresando los sentimientos y emociones que le provocan unas y otras obras. |
|---|---|
| Que incrementen su autoestima y las actitudes empáticas mediante el desarrollo de su sensibilidad estética. | þ Observando sus propias características físicas, familiares y conversando sobre sus intereses y describiendo las sensaciones y emociones que han vivido, a través de los diferentes lenguajes artísticos.<br><br>þ Observando las características de las obras de sus compañeros y compañeras y de las sensaciones y emociones que éstas les provocan.<br><br>þ Observando obras artísticas de otras culturas (otros países latinoamericanos, asiáticos, africanos, europeos) y expresando las sensaciones y emociones que éstas les provocan.<br><br>þ Observando el medio ambiente natural y cultural y expresando las emociones y sensaciones que éste le provoca. |
| Que manejen y conozcan materiales:<br><br>· físico- visuales (pinturas, elementos de desecho, masas, géneros, papeles, metales, etc.)<br><br>·sonoros, (instrumentos musicales, objetos que producen sonidos, sonidos electrónicos)<br><br>·espaciales (delimitaciones para la creación plástica o corporal en el plano o volumen)<br><br>·situacionales (temas que se les presentan narrados, vivenciados o simulados en un vídeo, una dramatización de los adultos u otros niños y niñas, etc.) | þ Explorando y creando individual y colectivamente sobre la base de materiales de diversos colores, texturas, formas, reconociendo la posibilidad de crear siempre algo diferente.<br><br>þ Explorando y creando individual o colectivamente sobre la base de materiales sonoros diversos reconociendo la posibilidad de crear siempre algo diferente.<br><br>þ Explorando y creando individual o colectivamente para incentivar el movimiento en espacios delimitados con la utilización de materiales tales como: pañuelos de gasa, cintas, bolsas con elementos de pesos diferentes, aros, pelotas reconociendo la posibilidad de crear siempre algo diferente.<br><br>þ Observando y recreando situaciones diversas, utilizando elementos provenientes del lenguaje y de las cuatro ramas básicas del arte: música o elementos sonoros, plástica o elementos físicos, literatura o elementos del lenguaje, expresión corporal o elementos que incentivan el movimiento. |
| Que el niño y la niña y sus familias respectivas, se familiaricen con el arte en general y con los diversos centros en los que el arte es expuesto: teatros, museos, cines, conciertos, danza, etc. | þ Dramatizaciones de los padres y madres a sus hijos e hijas, de obras propias de sus raíces culturales: mapuche, chiloé, norte, centro rural, centro urbano, arte popular de una década particular.<br><br>þ Visitas conjuntas de padres, madres, niños y niñas a museos, obras de ballet, conciertos, teatro, cine-arte, en el mismo centro educacional o en otros lugares.<br><br>Puestas en escena de los padres, madres, niños y niñas de obras de culturas diversas. |

# Referencias


1.  Alarcón, L (coordinadora) (2014) *El arte en la educación inicial*. Ministerio de Educación Nacional. Viceministerio de Preescolar, Básica y Media. Colombia.
2.  Carrit, E.F.. ***Introducción a la Estética***, México, FCE, 1951; 1983.
3.  Copland , A "What to listen from in music" American Library – 1967
4.  Dewey, J (1980 © 1938) ***Art as experience***.  Perigee Books. The Berkley Publishing Group, Nueva York
5.  Diez del Corral, P (2005) *Una nueva mirada a la educación artística desde el paradigma del desarrollo humano*. Memoria para optar al grado de doctor. Dirección de López, M. de Los Angeles. Universidad Complutense. Madrid. España.
6.  Drinker, S. (1948). *Music and Women: the story of women in their relation to music*. New York: Coward-McCann, Inc.
7.  Duchamp, M **"Apropos of ready-made"**en Kostelanetz, R **"Esthetics contemporary"** Prometeus Books - New York – 1978
8.  Freire. P "Pedagogy of the Opressed" Continuum Publishing New York 1970
9.  Gardner, H (1997) *Arte, mente y cerebro: una aproximación cognitiva a la creatividad*. Editorial Paidos, 7ma edición, Argentina
10. Gombrich, E.H (1990 © 1950) La Historia del Arte. Editorial Diana, México. Descargado de: https://drive.google.com/file/d/0Bw-3yPOp2B3dRlVSQlRLcHZoRVE/view
11. Goodman, N "Languages of art" The Bobbs Merril Co. N. York 1968
12. Guerrero ,L (asesor general Rutas Pedagógicas) (2014) *Desarrollo de la expresión en diversos lenguajes*. Ministerio de Educación. Perú.
13. Hauser, A (1978) Historia Social de la literatura y el arte. Editorial Guadarrama/PuntoOmega. España
14. Inciarte Armiñan, F (1999) Espacio, tiempo y arte. En: Concepciones y narrativas del Yo. Themata. N°22, 1999. Pags. 151-161 España. Descargado de: http://institucional.us.es/revistas/themata/22/15%20inciarte.pdf
15. Iturria, Raul (2006) Tratado de Folklore. Editado en Uruguay. Descargado de http://www.estudioshistoricos.org/libros/raul-iturria.pdf
16. Jay Grout, D y Palisca, C (2001, © 1984) Historia de la Música Occidental. Alianza Editorial, España. Descargado de https://drive.google.com/file/d/0B6NW_wyR5FAlbnktOGMtVnlzOGs/edit
17. Kant, citado en Valverde; J.M. **"Breve historia y antología de la estética"** Editorial Ariel, Barcelona, 1990
18. Kellogs, R "The children's drawing" Mc Graw Hill - New York – 1976
19. Leccardi, C y Feixa, C (2011) El concepto de generación en las teorías sobre la juventud. Última Década nº34, cidpa Valparaíso, junio 2011, pp. 11-32.
20. Maslow, A (2007, © 1968) ***El hombre autorrealizado Hacia una psicología del Ser***. Editorial kairós Numancia, 117-121 08029 Barcelona  (Título original: TOWARD A PSYCHOLOGY OF BEING Traducción: Ramón Ribé. © 1968 by Litton Educational Publishing. Inc.
21. Mclaren, P. (1984). La vida en las escuelas. México: Siglo Veintiuno Editores.
22. Ortega y Gasset **"Obras Completas"** en Fischl, J **" Manual de historia de la Filosofía"** Edit. Herder Barcelona, 1980
23. Read, H (1970) *Arte y Sociedad*. Trad. Manuel Carbonell. Península. Barcelona.

24. Reimer,B (1989) *"A Philosophy of Music Education"*. Englewood Cliffs, N.J. : Prentice Hall, [1989]
25. Rogers, C "Toward a theory of creativity" en P.E. Vernon Editor "Creativity" Penguin Books 1980
26. Romo, E.V. (1995) *El desarrollo artístico en la infancia: su evolución e implicancias.* Documento de estudio N°43. Universidad Católica Blas Cañas, (Hoy Cardenal Raúl Silva H.) Chile.
27. Rubio, A y San Martín, MA (2012) Subculturas juveniles: identidad, idolatrías y nuevas tendencias. Revista de Estudios de Juventud; marzo 12 | n.° 96 España. Descargado de http://www.injuve.es/sites/default/files/Revista96_11.pdf
28. Santayana, G *"What is art"* Penguin Books N. York 1982
29. Savater, F (1991) Ética para Amador. Descargado en Octubre 2017, desde: http://www.itvalledelguadiana.edu.mx/librosdigitales/maslibros/etica-para-amador.pdf
30. Schweitzer, A , citado en Christian, J L  **"Philosophy: an introduction to the art of wondering"** Holt. Rinehart and Winston, New York  1977.
31. Sinberg "Los obstáculos de la creatividad" en  Davis, G.A y Scott. J.A. Editores "Estrategias para la creatividad" Kapelusz Bs. Aires 1976
32. Taylor "Creativity: progress and potential"Mc Graw Hill - New York - 1964
33. Tolstoy **"What is art?"** en Kennick, W.E  **"Art and philosophy"** St. Martín Press, New York 1970
34. Wallas, J "The art of thought" Cape Editors New York 1926

# ANEXOS:

## Anexo 1: Glosario de vocabularios artísticos, en lenguaje sencillo.

La música:

> Los sonidos poseen **timbres** diversos, esto es, la voz propia de cada fuente sonora, que nos permite identificar desde donde proviene y quién o qué lo emite; así podemos distinguir la voz de Juan que nos habla desde el dormitorio y la voz de María que nos habla desde el comedor.

*Podemos jugar a cerrar los ojos y adivinar qué compañero o compañera habló*

*Podemos grabar en algún aparato, los sonidos y ruidos que escuchamos en distintos ambientes, y luego, tratar de identificar cuál es el lugar en que estábamos cuando escuchábamos lo que está en el aparato grabador;*

*Podemos hacer un "inventario" de ruidos y sonidos*

*Podemos darle de tarea a los/las niños/as de recolectar al menos dos sonidos "interesantes"*

*Es posible también jugar a esconder una cajita de música, y buscarla por su sonido.*

*Podemos jugar a la "Gallina ciega" orientándonos por los diferentes sonidos o ruidos que producen los compañeros/as tales como onomatopeyas, palabras, aplausos, castañeteo de dedos.*

Si escuchamos con atención podremos percibir que los distintos sonidos poseen **duraciones** diferentes: hay algunos largos, como la sirena de los bomberos, y otros cortos, como el del telégrafo, o los golpes de palmas.

*Podemos entonces coleccionar diversos objetos, metálicos y de madera, y luego jugar a golpearlos entre sí para descubrir cuál es el que produce el sonido más largo*

*Podemos cantar con sílabas cortitas: ca-ba-lli-to-blan-co----lle-va-me-dea-quí,etc;*

*O bien con sílabas largas: caaa-baaa-liii-tooo-blaaaan-coooo-llee-vaaa-meee-deeaa-quíii,etc)*

*Podemos graficar sonidos largos: _______________ O sonidos cortos: - - - - - - - - -*

Los sonidos también pueden ser de distinta **altura:** algunos son agudos o altos, como el que emite un canario; otros son graves o bajos, como la sirena de un barco. Las voces femeninas son en general más agudas que las masculinas, en las personas adultas.

*Podemos jugar con botellas, todas iguales, o vasos de vidrio. Luego las llenamos con distintas cantidades de agua y las ordenamos desde la que suena más agudo o alto, hasta la que suena más grave o bajo, al golpearlas con una cuchara.*

*También podemos jugar a cantar agudo, como si fuéramos un pajarito, o grave, como los señores grandes*

*Podemos graficar secuencias de sonidos agudos o sonidos graves permitiéndole al niño/a escoger un color diferente para cada sonido.*

*Sonidos Agudos * *         **

*Sonidos graves      * * *      * **

Por último, los sonidos pueden tener diferente **intensidad**; fuertes, como cuando un chofer de micro hace sonar su bocina junto a nuestros oídos; o suave, como cuando en la mañana intentamos escuchar el chincol que, desde lejos, llama al tío Agustín.

*Podemos juntar diversos objetos, como piedras, algodones, plumas, palos, lápices, gomas, etc. y los dejamos caer uno a uno desde el borde de la mesa; luego, los ordenamos desde el que sonó más fuerte hasta el que sonó más suave;*

*También podemos jugar a cantar suave, como con sueño, o fuerte, como si quisiéramos que nos oyeran en todo el colegio.*

*Podemos graficar como aumenta o disminuye la intensidad de los sonidos*

Sin embargo, tener todo este conjunto de sonidos no nos permite aún tener música. Este es el aspecto físico de la música, pero no es música aún. Para que la música exista, al igual que lo que se requiere para que exista cualquier lenguaje, es necesario combinar estos elementos diferentes, con un cierto orden, con una cierta estructura.

En la historia de la humanidad, las primeras combinaciones que parecen haberse efectuado, son las de sonidos de duraciones diferentes: unos muy largos, otros medianos, otros muy cortos. Al ordenarlos con un cierto latido, al que llamamos **pulso musical**, apareció el **ritmo**.

*Podemos seguir el pulso con un tambor, clave u otro instrumento de percusión; lo podemos percutir fuerte o suave; lo importante es que siempre va igual*

*Podemos caminar al ritmo de diferentes pulsos, podemos crear una secuencia de movimientos durante un cierto número de pulsos (respirar, pararse, sentarse, estirar el brazo, etc)*

*Podemos graficar también el pulso de una canción:*

*Ca-ba-lli-to blan-co llé-va-me dea-quí*

*/   /   /   / /   /         /  etc.*

Y con este pulso aparece la posibilidad de la **velocidad:** ritmo más rápido (sí el pulso va rápido) o más lento (sí el pulso va lento).

*Luego que niños y niñas siguen bien un pulso a velocidad moderada, podemos jugar a cantar, percutiendo el pulso, como si estuviéramos apurados, o lento, como si estuviéramos cansados*

*Podemos cantar una canción sobre un tren, y empezar lento, porque recién comienza a andar, y cada vez más rápido, cuando ya va por la línea.*

*Podemos expresar corporalmente la velocidad de una canción moviéndonos como si fuéramos un auto que empieza a andar y va cada vez más rápido.*

Y aparece también la **métrica**: posibilidad de agrupación de los pulsos: de a dos, como ocurre en las marchas, o de a tres, como ocurre en el vals.

*Podemos jugar a marchar como cuando vamos de excursión; pero hay que estar alertas, porque si la música de marcha se acaba, puede venir entonces la música de bailar vals.*

*Podemos percutir el pulso, haciendo fuerte el primero y suave el segundo, al cantar canciones binarias como "Los pollitos", "Caballito Blanco" o "Arroz con leche"; y podemos percutir fuerte el primero y luego dos suavecitos, y cantar "Antón Pirulero", "El lobo Chilote", "El gorro de lana").*

*Podemos graficar la métrica de diferentes canciones binarias: /- /- /- ó ternarias: /--/--/--/-- etc.*

En este proceso de generación de la música, los primeros instrumentos que aparecen son los instrumentos de percusión que permiten a las personas la creación de obras rítmicas.

Aparecen luego los instrumentos de viento, y con ellos la posibilidad de variar la altura, y no sólo la duración de los sonidos. Entonces surge la música melódica. La melodía no es otra cosa que un ritmo (sonidos de diferente duración ordenados por un pulso) al que se le agregan diferentes alturas. Así, es posible agregar alturas que suben poco a poco, como por una escalera; es lo que se llama el **ascenso melódico**. Y la bajada, el **descenso melódico**.

*Utilizando un metalófono o botellas con distintas cantidades de agua, ordenadas desde la que suena más grave a la más aguda, podemos tocar y cantar ascensos y descensos melódicos,*

*Inventar y sonorizar historias de objetos o personas que suben y bajan por una escalera, por un cerro, en un ascensor.*

Pero la melodía puede ser menos "ordenada", como es el caso de la gran mayoría de la música que conocemos, en la que es posible percibir saltos de altura pequeños o grandes

En las obras musicales podemos reconocer melodías que se repiten con acompañamientos similares. Estas repeticiones pueden estar al comienzo y al final, o puede aparecer después de melodías diferentes, varias veces. Y también puede ser que aparezcan tres o más melodías diferentes, sin una repetición clara.

*Si escuchamos atentamente el primer movimiento de "La primavera" de "Las Cuatro estaciones" de Vivaldi, podremos oír que la primera melodía se va repitiendo después de melodías diferentes.*

*Podemos inventar con los niños y niñas una historia en la que un cierto personaje aparece cada vez que la misma melodía se repite; con las melodías diferentes, aparecen personajes diversos, por ejemplo:*

*Una fiesta de disfraces, en que la melodía que se repite, es para los dueños de casa, disfrazados de cierta manera; ellos salen bailando cada vez que se oye esta melodía, y reciben a invitados que vienen con disfraces diferentes, uno para cada melodía*

*Un grupo de niños va al bosque, la melodía que se repite los identifica; cada melodía diferente que vaya apareciendo representará a un animalito diferente.*

*También podemos escuchar y representar un extracto de "Pedrito y el Lobo" de Prokofief*

La línea, como elemento del vocabulario plástico, facilita la expresión en tanto ésta sea una línea **recta**, vertical u horizontal, o en tanto sea una línea **curva**. La carga expresiva de uno y otro tipo de línea es claramente diferente.

*Podemos explorar nuestro entorno buscando líneas rectas y curvas en los diferentes objetos que nos rodean.*

*Podemos recorrer en forma táctil los diferentes objetos a efectos de percibir las diferentes sensaciones que nos producen las líneas rectas o curvas.*

*Podemos jugar con nuestro cuerpo intentando crear líneas curvas o rectas.*

Lo mismo ocurre con las formas: las llamadas **regulares o geométricas**, tales como el triángulo, la esfera, el cuadrado, el óvalo y sus variantes volumétricas, como el cubo, la esfera, el paralelepípedo, la pirámide, el cono o el cilindro, son formas de características expresivas diferentes a las **formas irregulares**, como es el caso de la enorme mayoría de las formas naturales, las que poseen cargas expresivas más activas y emotivas.

*Podemos explorar el entorno descubriendo objetos de formas regulares o geométricas como también formas irregulares.*

*Podemos crear "esculturas" utilizando diversos objetos con formas regulares (cajas de diversos tamaños, cilindros de papel higiénico, conos de hilo, etc.) y otra con objetos de formas irregulares (ramas de árbol. hojas de diversas plantas, trozos de género, papeles arrugados, etc.). Luego comentamos las sensaciones y emociones que nos producen una y otra.*

Sin duda, y de acuerdo a diversos autores, entre los que destaca Read[35] , el color es el aspecto expresivo por naturaleza en el arte plástico. Es especialmente poderosa desde la perspectiva expresiva, la característica de **calidez o frialdad** del color.

*Podemos explorar el entorno buscando objetos rojos, amarillos o naranja, que son cálidos como el sol o el fuego, y otros azules, lilas o verdes que son fríos como la lluvia o el mar.*

---

[35] Read., H "Education through art" Faber & Faber London 1943

*Podemos ofrecer a los niños pocillos con colores cálidos y otros con colores fríos y pedirles que expresen diferentes sensaciones y emociones utilizando uno y otro conjunto de colores.*

*Podemos observar diferentes pinturas para captar las cualidades de calidez o frialdad del color. (Georgia O´keefe con sus flores gigantes es un ejemplo de la utilización de esta característica del color: "Amapolas" en colores cálidos y "Lirios" en colores fríos)*

Otro elemento expresivo del color es la **intensidad** o cantidad de tinte del mismo.

*Podemos recorrer el entorno y buscar colores intensos (una flor roja, un árbol muy verde, etc.) y colores muy suaves o pasteles (una flor rosada, un cielo celeste, etc,)*

*Podemos ofrecer pocillos con colores intensos y otros con colores pasteles y pedir a los niños/as que expresen diferentes sensaciones y emociones con las diferentes intensidades.*

*Podemos observar diferentes pinturas para captar la cualidad de intensidad (Gauguin para los colores intensos y ciertas obras de Van Gogh para los colores pasteles)*

Las combinaciones de colores, para producir otros, corresponderían a un proceso intelectual, lo que permite suponer que, desde la mirada expresiva que se desea dar a la expresión plástica, el conocimiento de la clasificación de los colores en primarios, secundarios y terciarios, no sería tan relevante.

Finalmente, en el arte plástico, el uso del espacio permite también enfatizar la expresión que se desea dar a la obra. Así, el **ritmo plástico** de la composición, puede ser **dinámico**, al utilizar gran variedad de colores, combinaciones de líneas curvas y oblicuas; y será **estático** al utilizar menos colores, líneas rectas horizontales y verticales.

*Podemos observar el entorno buscando diferentes ritmos plásticos. Así podemos salir a recorrer la ciudad y observar que los edificios generan un ritmo plástico estático o tranquilo a través de sus paredes rectas (verticales y horizontales) en tanto que el follaje de los árboles genera un ritmo plástico dinámico*

*Podemos observar diferentes pinturas que poseen diferentes ritmos plásticos (pinturas surrealistas como ejemplo de ritmo estático y pinturas barrocas o futuristas como ejemplo de ritmo dinámico)*

La utilización de la **perspectiva** en la obra es también un elemento esencialmente intelectual, lo que no le resta su posibilidad expresiva; así, las obras egipcias, sin perspectiva son expresivamente diferentes desde una mirada plástica, que las obras surrealistas en las que la perspectiva juega un rol fundamental.

El movimiento expresivo.

El lenguaje artístico del movimiento, o movimiento expresivo, o expresión corporal, tiene en su base el cuerpo humano y sus posibilidades gestuales, de desplazamiento y expresión. El empleo de elementos que son utilizados cotidianamente, pero sin una intencionalidad expresiva artística, le da a esta rama del arte, una particular dificultad, que comparte sin duda con la literatura, que también emplea un lenguaje que en otras ocasiones es utilizado en forma no expresiva artística. De allí que, al analizar el lenguaje del movimiento expresivo, dejaremos fuera conceptos propios de la sicomotricidad,

**El gesto** facial es tal vez la forma más clara de expresión corporal. Estos gestos pueden expresar toda la gama de emociones y sensaciones.

Si incorporamos el cuerpo completo, podemos apreciar que las manos y brazos tienen también grandes posibilidades de expresión. Y por supuesto, el cuerpo como totalidad, y sin llegar a desplazarse, posee toda una gama de posibles formas de expresión.

*Podemos fabricar máscaras con diferentes expresiones faciales y luego invitar a los niños y niñas a expresar corporalmente la expresión de la máscara que está utilizando.*

*Podemos representar diferentes personajes, animales, objetos inanimados, etc.*

*Podemos representar con nuestras manos diferentes personajes o animales, pintándolas de formas sugerentes y moviéndolas luego según sea el movimiento del animal o personaje.*

Sea el gesto de las manos, o de todo el cuerpo, podemos apreciar que existen ciertos elementos del vocabulario del movimiento que permiten expresar diversas emociones y sensaciones:

La **velocidad** del movimiento: es sin duda, la posibilidad más clara de la expresión corporal: un movimiento triste es claramente lento, en tanto que uno alegre, es rápido.

Los **niveles o altura** del movimiento, permite caracterizar diversos personajes, y expresar emociones diferentes: puedo ser alta como un álamo o bajita como un espino.

La **amplitud** del movimiento, esto es, si mi movimiento es ancho, con los brazos abiertos, o es angosto, con los brazos recogidos junto al cuerpo, permite toda una serie de posibles expresiones emocionales y sensoriales: puedo estar estrecha como cuando tengo frío, como si fuera una guagua envuelta en un chal o ancha como cuando quiero volar.

El **peso** del movimiento, como si fuéramos plumas o piedras, permite luego emplear esta habilidad en la expresión de emociones, ideas, imágenes, entre otros.

La **tensión** del movimiento: el movimiento tenso de un robot, o relajado de una bailarina de ballet clásico, nos ofrecen también posibilidades expresivas para el movimiento.

La **coordinación y equilibrio**, caracteriza adecuadamente personajes y situaciones diversas.

Las **interacciones**, con objetos u otras personas, reales o imaginarias, posibilitan también la expresión corporal: vamos por el bosque nos tocan la cara las hojas de los árboles, nos encontramos un conejito, lo acariciamos, imitamos sus saltos.

La **coreografía y su plan de piso** correspondiente, permite saber las entradas y salidas de los personajes que interactúan, las emociones con que se interrelaciona: vamos a empezar todos escondidos y primero van a salir bailando ella y él, luego salimos todos y nos ponemos en ronda alrededor.

La **dirección y motor del movimiento**: el centrar el movimiento en una determinada parte del cuerpo, (nariz, pecho, caderas, rodillas, hombros) que guía a todo el resto del cuerpo, permite trabajar la caracterización de personajes diversos, así como también expresar emociones: las personas tienden a caminar con su "motor" en el pecho al estar alegres y optimistas, o con el motor en los hombros al estar tristes y deprimidos.

La literatura

El interés por la narrativa y la poesía, puede y debe ser fomentada desde el jardín infantil: será la mejor herencia que educadores y educadoras podrán dejar a sus educandos. La no valoración de estas actividades puede ser una causa remota, pero no secundaria del escaso interés de tantos jóvenes y adultos en la lectura.

Como sabemos, la literatura ocurre en el lenguaje; pero no en el lenguaje cotidiano, sino en la utilización creativa del mismo para permitir que éste sea el medio en el cual se incorpore las emociones e ideas que el autor ha percibido en sus experiencias reales. La no-cotidianeidad del lenguaje literario, proviene de varios aspectos:

la utilización creativa del lenguaje, que se evidencia en diversas figuras literarias.

la actitud lúdica frente al lenguaje, que permite el descubrimiento de su sonoridad

la narración de imágenes, de historias más o menos complejas, en formas expresivas y originales.

Estas características del lenguaje literario se manifiestan en obras narrativas (cuentos, novelas), líricas (poesía), o dramáticas (teatro).

En consecuencia, los elementos del lenguaje literario, que permiten su transmisión expresiva, pueden ser definidos en la siguiente forma:

**Cuento**: forma de narración corta en donde se resalta una historia ficticia que les ocurre a unos personajes. Es posible distinguir en la historia al menos tres momentos claves: inicio y presentación de la situación, clímax o momento culminante de la historia y desenlace, en el que se resuelve de alguna forma la situación: una vez había un perrito muy pequqño al que nadie quería...¿Por qué nadie lo querría? ¿Qué le puede haber ocurrido?...¿Cómo podría solucionar el problema?

**Personaje** del cuento: son personas, arquetipos (hadas), animales o cosas animadas a las que les ocurren cosas en la historia de un cuento. Estos personajes pueden ser más o menos importantes. Generalmente el llamado "bueno", pero en general, el que conduce la historia, es el protagonista y el que se le opone es el antagonista: ¿De quién se trataba el cuento? ¿Qué le pasaba? ¿Quién se portaba mal con él o ella?

**Poema:** forma literaria escrita en verso, que utiliza imágenes literarias para expresar ideas, emociones y sensaciones: ¿Qué le pasaba al señor(a) que escribió esto? ¿Tenía pena? ¿Por qué creen Uds.?

**Verso**: unidad mínima de expresión de un poema: una frase o línea: ¿Qué frase es la que te da más pena? ¿Qué verso?

**Rima**: manera de finalizar dos versos, en forma tal que ambos finalizan igual, en cuanto a la vocal (rima asonante), o ambos terminan con consonante y vocal igual (rima consonante):

Ej. Rima asonante: había mucha fruta en la mesa

        de la casa de Enriqueta

Ej. Rima consonante: el niño se mece en la cuna

        y lo arrulla la luz de la luna

**Figura literaria**: es la utilización del lenguaje en formas poco usuales, para expresar ideas, emociones y sensaciones; entre ellas destacan:

**Diminutivo-aumentativo**: transformación de la palabra para aumentar o disminuir su significado habitual. (Ejemplo: perro, perrito, perrazo, Critóbal, Cristobalón, Cristobalito, etc)

**Onomatopeya**: palabra inventada que imita un sonido del mundo natural o cultural (Ej. el triqui traca del tren, el kikiriki del gallo)

**Invención:** es el invento de palabras para expresar lo "inexpresable" en palabras cotidianas, y para jugar con el lenguaje (Ej: de Vicente Huidobro, poeta chilena "La lejantaña de la montanía", para decir la montaña lejana, enfatizando la lejanía de ésta)

**Aliteración:** así como la rima es el final igual de dos versos, la aliteración es el inicio igual de dos palabras: Ej. Tren tronando.

**Sinestesia**: mezcla de sensaciones, o utilización de una sensación para describir otra. Ej: música dulce.

**Comparación**: imagen literaria en la que se describe algo mediante la comparación del objeto con algo diferente. Ej.: tu pelo como una cascada de luz.

**Metáfora**: la descripción del objeto mediante su semejanza con otros y sin nombrarlo: Ej.: la cascada de luz sobre tu rostro.

**Hipérbaton**: alteración del orden habitual sustantivo-adjetivo. Ej. No digo pasto verde porque lo que quiero destacar es lo muy verde del pasto. Entonces digo "verde pasto".

**Hipérbole**: exageración que se utiliza para describir algo: más fría que el hielo.

**Personificación**: dar características humanas a objetos o animales

El arte integrado.

La combinación de lenguajes que se produce en las manifestaciones de arte integrado, obliga a observar los diversos elementos de los vocabularios artísticos empleados, para apreciar su congruencia.

Así, por ejemplo, en una canción, en la que se integra la música y la literatura, la exigencia estética -expresiva debiera ser para ambas ramas del arte, en cuanto a la calidad del uso del vocabulario en cuestión, como en la concordancia entre lo que expresa cada una de ellas:

si el texto es triste, así deberá ser la música. De otra forma, la integración no se produce realmente.

Entre las manifestaciones de arte integrado que es interesante tener en cuenta por las posibilidades que ofrecen para el trabajo de expresión infantil, se encuentran el teatro, con todas sus variantes (mimos, títeres, sombras recortadas o corporales) y el cine, también con variantes múltiples (película de dibujos animados o personajes reales, diaporamas, rotafolios, videos). Especialmente interesante resulta el trabajo que se efectúe en torno al cine, puesto que niños y niñas están permanentemente expuestos a obras de cine en la Televisión, y resulta fundamental desarrollar en ellos y ellas la capacidad de mirar críticamente estas obras, tanto desde una perspectiva ética como estética y expresiva.

En el arte integrado, por otra parte, es posible distinguir ciertos elementos de estas formas de lenguaje artístico, que son propias del mismo:

**Actor/actriz**: es la persona que interpreta los personajes en una obra de teatro o cine. Esta persona debe preocuparse de hablar, moverse y gesticular como su personaje lo haría.

**Escenografía**: ambientación que se utiliza en el teatro para simular el lugar en el que ocurre la historia. En el cine la escenografía es generalmente natural o extremadamente compleja y real. Es la fotografía.

**Vestuario**: tipo de ropa o elementos de disfraz que utiliza el actor o actriz, para representar a su personaje.

**Maquillaje**: tipo de pintura facial que usa el actor o actriz para parecerse más al personaje que interpreta. Ej.: pintarse la cara como un tigre

Plan de piso: formas en que se sugieren los desplazamientos de los personajes en el escenario en el que actuarán.

**Títeres**: pequeños personajes teatrales que se utilizan con las manos y que se fabrican en género, cartón y/o yeso. Sus posibilidades de movimiento varían según su construcción. Su gesto facial es inexistente, pero pueden ser disfrazados, pueden gesticular con el cuerpo y moverse en un espacio determinado, llamado el "teatro de títeres", en el que es posible cambiar escenografías.

**Marioneta**: pequeños personajes teatrales que se manejan con cordeles desde arriba; las amarras se ubican en las articulaciones, y dependiendo de la cantidad de articulaciones movibles es la expresión del personaje.

**Sombras chinescas**: forma de arte teatral en que los personajes se mueven detrás de un telón blanco con un foco de luz contra ellos y ellas. Estos personajes pueden ser sombras recortadas en cartón o personas que actúan exagerando sus movimientos y generalmente de perfil.

Printed by Books on Demand GmbH, Norderstedt / Germany